지은이 양자오(楊照)

중화권의 대표적인 인문학자. 타이완대학교 사학과를 졸업하고
미국 하버드대학교에서 역사학을 공부했다. 『명일보』(明日報) 주간,
『신신문주간』(新新聞週刊) 편집장, 위안류(遠流) 출판사 편집장,
타이베이예술대학교 주임교수를 역임하는 등 언론, 출판, 교육
분야에서 다채롭게 활약했다. 현재는 『신신문주간』 부사장 겸
뉴스 전문 라디오방송국 'News98'의 시사프로그램 진행자이며,
청핀(誠品)서점에서 일반 대중을 상대로 10년 가까이 서양고전강좌를,
최근에는 동양고전과 중국지성사 강좌를 진행해 온 참여형
인문학자이기도 하다. 보기 드문 통섭적 지식인인 그는 『색소폰을
부는 혁명가』, 『위대한 사랑』 등의 문제적 소설을 쓴 작가이자
『나의 21세기』, 『지식인의 눈부신 황혼』, 『노마드의 관점』,
『문학, 사회, 역사적 상상』, 『독서의 밀림에서』, 『문제적 시대』,
『이성적 인간』 등의 탁월한 평론집을 낸 비평가이다.

옮긴이 김택규

1971년 인천 출생. 중국 현대문학 박사. 한국출판산업진흥원
중국 저작권 수출 분야 자문위원. 출판 번역과 기획에 종사하며
숭실대학교에서 번역을 가르치고 있다. 『번역가 되는 법』을 썼고,
『이중톈 중국사』, 『암호해독자』, 『논어를 읽다』, 『단단한 과학 공부』,
『사람의 세상에서 죽다』, 『이혼지침서』, 『죽은 불 다시 살아나』,
『아큐정전』 등 50여 권을 우리말로 옮겼다.

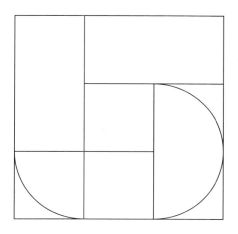

논어를 읽다

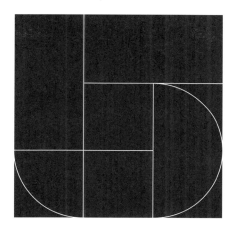

고전강의 5

논어를 읽다
=
공자와 그의 말을
공부하는 첫걸음

양자오 지음 + 김택규 옮김

일러두기
'지은이'라고 표시한 것을 제외한 본문의 각주는 모두 옮긴이의 것이다.

저자 서문
동양고전 읽는 법

1

2007년부터 2011년까지 5년간, 저는 민룽 강당敏隆講堂
에서 '중국 역사 다시 보기'重新認識中國歷史 강좌를 개설하고
13기에 걸쳐 130강을 강의했습니다. 신석기에서 신해혁명까
지 중국 역사를 죽 훑는 이 통사 강좌는 전통적인 해설을 벗
어나 신사학 혁명新史學革命* 이후 지난 100여 년간 중국 역
사 연구의 새롭고 중요한 발견과 해석을 소개하는 데 역점을
두었습니다. '중국 역사 다시 보기'라는 제목도 그래서 달았
지요.

---

* 근대적인 방법론에 입각한 새로운 역사학.

'중국 고전을 읽다' 시리즈는 원래 이 통사 강좌에 이어지는 형식이어서 고전의 선별도 같은 취지로 역사적 관점에서 이루어졌습니다. 중국 역사를 다른 방식으로 한 번 더 강의하는 셈이지요.

저는 통사 강좌에서는 수천 년 중국 역사의 거대하고 유장한 흐름 가운데 제가 중요하다고 여기거나 소개할 만하며 함께 이야기할 만한 부분을 가려 뽑아 중국 역사를 보여 주려 했습니다. 반면 '중국 고전을 읽다'에서는 주관적인 선택과 판단을 줄여, 독자들이 직접 고전을 통해 중국 역사를 살피고 이해하게 되기를 바라고 있습니다.

오늘날의 일상 언어로 직접 수천 년 전 고전을 읽고 역사를 이해한다는 것은 매우 보기 드문 행운입니다. 현대 중국인은 2천여 년 전의 중국 문자를 번역 없이 읽을 수 있고, 정보의 대부분을 직관적으로 파악할 수 있으며, 조금만 더 시간을 들이면 보다 깊은 의미도 해석할 수 있습니다. 고대의 중국 문자와 오늘날 중국인이 일상에서 쓰는 문자 사이에는 분명하고도 강력한 연속성이 존재하지요. 현대 사회에서 통용되는 중국 문자의 기원은 대부분 거의 『시경』詩經과 『상서』尚書 시대까지 거슬러 올라가며, 그중 일부는 갑골문甲骨

文이나 금문金文의 시대까지 소급됩니다. 문법에서도 꽤 차이가 있고 문자의 뜻이 완전히 일치하지는 않지만, 고대 중국 문자의 사용 규칙은 오늘날 쓰이는 문자와 대비해 보면 매우 쉽게 유추됩니다.

이는 인류 문명에서 매우 특이한 현상으로 사실상 세계 역사에서 또 다른 사례를 찾아보기 어렵습니다. 기원전 3천 년부터 오늘날에 이르기까지, 같은 기호와 같은 의미가 결합된 하나의 문자 체계가 5천 년 동안이나 끊이지 않고 이어져, 오늘날 문자의 사용 규칙에서 유추해 몇천 년 전의 문헌을 직접 읽을 수 있다니 대단하지요.

이처럼 고대부터 간단없이 이어진 중국 문자의 전통은 문명의 기본 형태를 결정짓는 데 상당한 영향을 주었습니다. 비록 중국 사회가 역사를 통해 이에 상응하는 대가를 치르기는 했지만, 이 전통 덕분에 지금 이 시대의 중국인은 매우 희소가치가 높은 능력을 얻었습니다. 이런 능력을 잘 이해하고 사용하지 않을 이유가 없지요.

2

고전을 읽는 첫 번째 이유는 이런 것입니다. 중국 역사에는 가장 기본적인 자료들이 있습니다. 이 누적된 자료를 선택하고 해석하면서 역사의 다양한 서술 방식이 형성되었습니다. 중국 문자를 이해하고 그 역사에 관심이 있는 사람이라면 누구나 역사의 다양한 서술 방식을 접하고 나서 그 기본적인 자료들로 돌아갈 수 있습니다. 누구나 역사학자들이 어떻게 이 자료들을 멋지게 요리했는지 직접 살필 수 있고, 스스로 가장 기본적인 자료들을 들추며 서술의 옳고 그름을 따질 수 있는 것입니다.

우리는『시경』이 어떤 책인지 소개하는 책을 읽고,『시경』에서 뽑아낸 재료로 서주西周 사회의 모습을 재구성한 이야기를 듣기도 합니다. 그런데 이런 기초 위에서『시경』을 읽으면『시경』의 내용과 우리가 처음 상상한 것이 그다지 닮지 않았음을 알게 될지 모릅니다. 서주 사회에 대해 우리가 처음 품었던 인상과『시경』이 보여 주는 실제 내용은 전혀 다를 수 있지요. 어쨌든 우리에게 무척 강렬한 독서의 즐거움을 안겨 줄 겁니다!

고전을 읽는 두 번째 이유는 그것이 현재와 다른 시공간에서 탄생했음에도, 인간의 보편적 경험과 감상을 반영한다는 데 있습니다. 오늘날에도 우리는 여전히 같은 인간이라는 입장에서 고전 속의 경험과 감상을 확인할 수 있고 느낄 수 있고 비교할 수 있습니다. 우리는 그 안에서 비슷한 경험과 감상을 발견하고, 시공간의 차이를 넘어 공감대를 형성할 수 있습니다. 그리고 다른 경험과 감상을 통해서는 우리 삶의 경험을 확장할 수도 있지요.

　　역사학 훈련에서 얻어진 습관과 편견으로 인해, 저는 고전을 읽을 때 오늘날 현실과는 전혀 다른 사실들이 던져 주는 지적 자극에 좀 더 흥미를 느낍니다. 역사는 우리에게 인류의 다양한 경험과 폭넓은 삶의 가능성을 보여 주고, 나아가 우리가 너무도 당연하게 여겼던 현실에 의문을 품고 도전하게 만들지요. 이 점이 바로 역사의 가장 근본적인 기능입니다. 또한 역사라는 학문이 존재하는 의의이자 다른 무엇과도 바꿀 수 없는 핵심 가치이기도 합니다.

3

중국 사회가 수천 년 동안 이어진 문자 전통 때문에 상응하는 대가를 치렀다는 사실은 앞서도 언급한 바 있습니다. 그중 하나는 이 연속성이 역사를 바라보는 중국의 전통 관점에 영향을 끼쳤다는 점입니다. 끊이지 않고 줄곧 이어진 문자 체계 때문에, 중국인은 조상이나 옛사람을 지극히 가깝게 여기고 친밀하게 느낍니다. 그래서 중국에서는 역사학이 과거에 발생한 어떤 사건을 연구하는 독립적인 학문이었던 적이 없습니다. 역사와 현실 사이의 명확한 경계가 인식되지 않고 떼려야 뗄 수 없는 연속체처럼 여겨졌죠.

우리는 삶의 현실에서 도움을 얻고자 역사를 공부합니다. 그런 까닭에, 중국에서는 나중에 생겨난 관념과 사고가 끊임없이 역사 서술에 영향을 끼치고 역사적 판단에 스며들었습니다. 한 가지 심각한 문제는 이 전통 속에서 사람들이 늘 현실적인 고려에 따라, 현실이 필요로 하는 방식으로 역사를 다시 써 왔다는 사실입니다. 시간이 흐르면서 서로 다른 현실적 고려가 겹겹이 역사 위에 쌓여 왔지요. 특히 고전에 대한 전통적인 해석들이 그 위로 두텁게 덧쌓였습니다.

따라서 우리는 갖가지 방식을 동원해 덧쌓인 해석들을 한 풀한 풀 벗겨 내고 비교적 순수한 맨 처음 정보를 보려고 노력해야 합니다. 그런 뒤에야 『시경』을 통해 2천 년 전 또는 2천 5백 년 전 중국 사회의 어떤 모습이나 그 사람들의 심리를 참으로 이해했다고 할 수 있습니다. 또한 주周나라 당시의 정치 구조 안에서 『상서』가 표현하는 봉건 체제를 이해하며, 황제 통치가 확립된 진秦나라와 한漢나라 이후의 가치 관념으로 『상서』를 왜곡하는 일이 없을 것입니다.

'중국 고전을 읽다' 시리즈에서 저는 이 고전들을 '전통' 독법대로 해석하지 않을 생각입니다. 전통적으로 당연시해 온 독법은 특히 면밀한 검증과 토의를 필요로 합니다. 도대체 고전 원문에서 비롯된 해석인지, 아니면 후대의 서로 다른 시기에 서로 다른 현실적 요구에 따랐기에 그때는 '유용' 했으나 고전 자체에서는 멀어진 해석인지 말이지요.

고전을 원래의 태어난 역사 배경에 돌려놓고 그 시대의 보편 관점을 무시하지 않는 것은 이 시리즈의 중요한 전제입니다. '역사적 독법'을 위한 '조작적 정의'*라고도 할 수 있겠습니다.

우리는 '역사적 독법'의 기초 위에서 비로소 '문학적 독

---

* 사물 또는 현상을 객관적이고 경험적으로 기술하기 위한 정의.

법'으로 나가는 다음 단계를 밟을 수 있습니다. 먼저 이 고전들은 오늘날의 우리를 위해 쓰인 것이 아니라, 그것들이 태어난 시대에 우리와 매우 다른 삶을 살았던 옛사람들이 쓴 것입니다. 그러므로 우리는 자기중심적인 태도와 자만심을 버리고, 잠들어 있는 보편된 인성을 일깨우며 다른 삶의 조건 속으로 들어가, 그들이 남긴 모든 것에 가까이 다가서야 합니다.

이 과정에서 우리는 자신의 감성과 지성을 일깨움으로써, 전혀 알 수 없었던 다른 삶의 환경을 이해하고, 내면에 존재했지만 미처 몰랐던 풍요로운 감정을 느끼게 될 것입니다. 저는 후자 쪽이 훨씬 더 중요하다고 봅니다. 우리 삶의 현실이 제공해 줄 수 없는 경험은 이처럼 문자로 남아 있다가 아득히 먼 시공의 역사를 뚫고 나와 우리와 대화하며 새롭고 강렬한 자극을 던져 줍니다.

고전이 태어났던 전혀 다른 시공간의 차이를 인정함으로써, 우리는 어떤 감정과 감동을 느끼고 일종의 기적을 맛보게 될 것입니다. 그 순간 우리는 현실적 고려에 의해 역사를 단편적으로 취하는 태도를 버리고, 역사를 관통하는 인류 보편의 조건과 역사와 보편 사이의 접점을 발견하며, 인간의 본성과 감정에 대한 더 넓고 깊은 인식으로 나아갈 수 있습니다.

4.

'중국 고전을 읽다' 시리즈는 중요한 고전을 찾아 그 책의 몇 단락을 추린 다음 꼼꼼하게 읽는 방법을 취하고 있습니다. 이를 기초로 고전 전체의 기본 틀을 드러내고, 책과 그것이 탄생한 시대의 관계를 설명하려 합니다.

오늘날 전해지는 중국 고전의 규모는 참으로 어마어마해서 모든 고전을 처음부터 끝까지 다 읽는 것은 불가능합니다. 그래서 저는 고전 가운데 독자들이 쉽게 공감할 만한 내용을 고르는 한편, 가장 이질적인 정보를 전달할 수 있는 내용을 선택함으로써 독자들이 시공간을 뛰어넘는 신선하고 신기한 경험을 얻을 수 있도록 노력했습니다. 저는 첫 번째 방법으로 다음과 같은 효과를 기대합니다. "오! 저자의 말이 정말 그럴듯한데?" 두 번째 방법으로는 다음과 같은 반응을 바랍니다. "어? 이런 생각을 하는 사람이 다 있네!"

고전을 읽고 해석할 때 생각해야 할 몇 가지 기본 문제가 있습니다. 이 작품은 어느 시대, 어떤 환경에서 태어났을까? 당시의 독자들은 이 작품을 어떻게 읽고 받아들였을까? 왜 이런 내용이 고전이라 불리면서 오랫동안 변함없이 전해졌을까? 이 작품이 지닌 힘은 다른 문헌이나 사건, 사상 등에 어떤 영향을 끼쳤을까? 앞선 고전과 뒤따르는 고전 사이에는 어떤 관계가 있을까?

이 질문들은 어떤 고전 판본을 고를지 결정하는 기준이 되기도 합니다. 첫 번째 원칙은 가장 기원이 되며 본연에 가까운 판본을 고르는 것입니다. 역사와 선례를 중시하고 강조하는 전통 문화 가치에 따라, 하나의 고전에는 수많은 중국의 저작과 저술이 덧붙었습니다. 『사고전서』四庫全書에 수록된 3천 5백여 종의 서적 가운데 『논어』論語를 해석한 저작과 저술은 무려 100여 종이 넘습니다. 이 가운데 중요하거나 흥미로운 내용이 없는 것은 아니지만, 결국 모두 『논어』라는 고전의 부산물일 뿐입니다. 따라서 우리가 가장 먼저 골라 읽어야 할 것은 『논어』를 해석한 그 어떤 책이 아니라 바로 『논어』입니다. 『논어』는 당연히 『논어』를 부연하고 해석한 그 어떤 책보다 기원과 본연에 가깝습니다.

이 원칙에도 예외는 있지요. 중국 삼국 시대의 왕필王弼

이 주석한 『노자』老子와 위진魏晉 시대의 곽상郭象이 주석한 『장자』莊子는 불교의 개념으로 이 책들의 원래 내용을 확장하고 심화했으며, 나아가 위진 시기 이후 중국 '노장老莊 사상'의 기본 인식을 형성했습니다. 형식적으로는 부연이지만 실질적으로는 기원의 영향력을 지니는 셈입니다. 그래서 기본 텍스트로 보고 읽어야 합니다.

두 번째 원칙은 현대 중국어로 읽을 수 있어야 한다는 것입니다. 어떤 책들은 중국 역사를 이야기할 때 반드시 언급해야 할 정도로 중요합니다. 예를 들어 『본초강목』本草綱目은 중국 식물학과 약리학의 기초를 이루는 책으로 무척 중요하지요. 하지만 오늘날의 독자들에게 이 책은 어떻게 읽어 나가야 할지 너무도 막막한 대상입니다.

다른 예를 하나 더 들겠습니다. 중국 문학사에서 운문이 변화하는 과정을 이야기할 때는 언제나 한나라의 부(한부漢賦), 당나라의 시(당시唐詩), 송나라의 사(송사宋詞), 원나라의 곡(원곡元曲) 등을 꼽습니다. 당시나 송사, 원곡이라면 읽을 수 있겠지만, 한부를 어떻게 읽을 수 있을까요? 중국 문자가 확장하고 발전해 온 역사에서, 한부는 매우 중요한 역할을 맡았습니다. 한나라 사람들은 외부 세계와 문자 사이의 서로 다른 대응 관계를 인식하기 시작했고, 수많은 사물과 현상에 상응하는 어휘를 기록하고 전달하는 데 어려움을 겪었지요. 그 때문에 어휘의 범주를 있는 힘껏 넓히고, 갖은 방법으로 복잡한 외부 세계의 눈부신 풍경을 모두 기록해 내려는 충동이 생겨났습니다. 따라서 한부는 일종의 '사전'과 같은 성격을 띱니다. 최대한 복잡하고 다양한 어휘를 사용해 인간이 알고 있는 모든 것을 요란하게 과시하는 장르이지요.

겉으로는 유려한 묘사로 내용을 전달하는 문학 작품처럼 보일지라도, 한부는 사실 새로운 글자를 발명하는 도구에 가까웠습니다. 보기만 해도 신기한 수많은 글자, 남들이 잘 쓰지 않는 기발한 글자를 늘어놓는 것이 한부의 참목적입니다. 글이 묘사하고 서술하는 것이 장원莊園의 풍경이든 도시의 풍경이든, 그것은 허울에 불과합니다. 장원에 대한 한부의 묘사나 서술은 풍경을 전하거나 그로 인해 일어나는 인간의 감정을 표현하는 데 뜻을 두지 않습니다. 한부는 이런 묘사와 서술을 통해 정원이라는 외부 세계에 속하는 모든 대상에 일일이 이름을 붙입니다. 한부 작품에 등장하는 이루 헤아릴 수 없이 많은 명사는 눈앞에 보이는 모든 대상 하나하나에 새롭게 부여한 이름입니다. 한부에 존재하는 수많은 형용사는 서로 다른 색채와 형상, 질감과 소리 등을 분별하기 위해 새로이 발명한 어휘지요. 상대적으로 동사는 그리 많지 않습니다. 한부는 무척 중요하고 소개할 만한 가치가 있으며 새롭게 알 필요가 있는 장르이지만 막상 읽기는 쉽지 않습니다. 읽는다 해도 도무지 재미가 없어요. 한부를 읽기 위해서는 글자 하나하나를 새로이 배우고 그 글자의 뜻을 새삼 되새겨야 하는데, 그럼에도 글을 읽고 나서 얻는 것은 그리 많지 않습니다. 초등학생이나 중학생들의 국어 경시대회와 비교할 수 있겠습니다.

　마지막으로 세 번째 원칙이 있는데, 이는 저 개인의 어쩔 수 없는 한계에서 비롯된 것입니다. 저는 저 자신이 읽고 이해할 수 있는 고전을 고를 수밖에 없습니다. 예를 들어『역경』易經은 지극히 중요한 책이지만, 제가 가려 뽑은 고전 범주에 들지 않습니다. 예로부터 지금까지『역경』에 대해 그토록 많은 해석이 있었고, 지금도 계속해서『역경』에 대한 새롭고 현대적인 해석들이 나오고 있지만, 저는 아무래도 그 사상 세계로 들어갈 수가 없습니다. 저는 그와 같이 인간의 길흉화복을 점치는 방식에 설득되지 않으며, 도대체 무엇이 본연의『역경』이 규정하고 전승하려던 의미였는지 판단할 수 없고, 무엇이 후대에 부연되고 수식된 내용인지 가려낼 수 없기 때문입니다. 역사적 독법의 원칙에 따르자면, 저는 『역경』을 논할 능력이나 자격이 없습니다.

5

'중국 고전을 읽다'에서 저는 다만 책을 읽는 데 그치지 않고 몇 단락씩 꼼꼼히 들여다보려 합니다. 중국 고전은 책마다 분량의 차이가 적잖이 존재하고 난이도의 차이도 크기 때문에, 반드시 이 두 가지를 잘 헤아려 읽을 내용을 결정해야만 합니다.

저는 고전의 원래 순서도 내용의 일부이고, 문단과 문장의 완전함도 내용의 일부라고 생각합니다. 책의 순서에 의미가 없음을 확신할 만한 이유가 있거나 특별하게 대비시키려는 의도가 아니라면, 저는 최대한 고전이 지닌 원래의 순서를 깨뜨리지 않으려고 했으며, 최대한 완전한 문단을 뽑아 읽으며 함부로 재단하지 않았습니다.

강의 내용을 책으로 바꿀 때는 시간과 분량의 제한을 받기 때문에, 꼼꼼한 독해는 아마도 아주 짧은 단락에 그칠 것입니다. 하지만 여러분은 이를 통해 고전 속으로 들어가는 일에 차차 익숙해질 것입니다. 나아가 저는 여러분이 고전을 가깝게 느끼게 되어 책의 다른 부분을 스스로 찾아 읽었으면 하고 바랍니다. '중국 고전을 읽다'는 고전이 지닌 본연의 모습과 방식을 더듬어 여러분이 스스로 고전에 다가가는 기초를 닦도록 도울 것입니다. 이 책은 고전을 읽고 이해하는 데 중요한 첫걸음이 될 것입니다.

1

『논어』의 연원

『논어』의 두 가지 발음

현대 중국어에서는 보통 '論語'(논어)의 첫 번째 글자인 '論'(론)을 2성으로 읽습니다.* 이렇게 읽는 것은 동한東漢 말, 유희劉熙의 『석명』釋名 「석전예」釋典藝에서 유래했습니다. 이 책에서는 "『논어』는 공자가 제자들과 나눈 말을 기록한 책이다", "'論'(론)은 '倫'(륜)이니 조리가 있다는 것이다", "'語'(어)는 '敍'(서)이니 자기가 하려는 말을 서술한다는 것이다"라고 하여, 『논어』를 '조리 있게 자기가 하려는 말을 서술한 것'이라고 해석했지요.

---

* 현대 중국어는 발음의 네 가지 높낮이를 뜻하는 '성조'가 있는 것이 가장 큰 특징이며 중국어 글자는 저마다 1, 2, 3, 4성 중 한 가지 이상의 성조로 읽힌다. '論'은 '조리', '사리'의 뜻으로 쓰일 때는 2성으로, '논하다'라는 뜻으로 쓰일 때는 4성으로 읽힌다.

그런데 전통적으로 4성으로 읽어야 한다는 주장도 있었습니다. 『한서』漢書 「예문지」藝文志에서는 말하길, "『논어』는 공자가 제자들과 당시 사람들에게 답한 말 그리고 제자들이 서로 이야기를 나누다가 공자에게 들은 말이다. 당시 제자들이 각기 기록해 놓았다가 공자가 죽은 뒤, 함께 모아 의논해 편찬하였기에 『논어』라고 불렀다"라고 했습니다. 여기에서는 『논어』의 '論'(론)의 연원을, 공자가 죽은 뒤에 제자들이 기록을 모아 논의를 거쳐 한 권의 책으로 만든 데에서 찾았습니다.

　　이 두 가지 견해를 비교하면 4성으로 읽는 것이 2성으로 읽는 것보다 좀 더 합리적인 듯합니다. 2성으로 읽으면, 『논어』는 조리가 있으며 조리를 분명히 드러내는 책이 됩니다. 그런데 4성으로 읽으면, 『논어』는 그 이름만으로 제자들이 서로 필기한 내용을 대조하고 토론과 논쟁을 거쳐 묶어낸 책이라는 사실을 우리에게 일깨워 줍니다. 바꿔 말해 이 책은 한 사람의 손으로 완성된 것이 아니므로 하나의 완전한 구조가 있을 수 없고 책의 내용에도 불가피하게 서로 충돌하고 모순되는 대목이 있습니다.

　　확실히 이 책을 들여다보면 단문이 줄줄이 이어져 있습니다. 그리고 이 책을 '조리 있게 서술된 말'로 보면 그 단문들의 순서가 특별한 의도에 따라 정해졌으며, 어떤 내적인 질서를 따르거나 나타낸다고 믿게 됩니다. 그런 까닭에 전통적으로 수많은 학자가 『논어』의 구조를 설명하는 데 엄청난 노력을 기울였습니다. 하지만 그런 설명은 요령부득의 억측을 낳고 후대의 주관적 해석을 부여하여, 오늘날 우리가 『논어』에서 공자의 인격과 가치관을 탐구하는 데 방해가 되고 있습니다.

이 밖에도 '論'(론)을 '조리'로 이해하면 안 되는 이유가 있습니다. 이런 관점은 『논어』의 내용을 원칙, 규범, 진리로 보게 하여 『논어』 본문의 명확하고도 선명하기 그지없는 특성을 놓치게 만듭니다. 그 특성은 무엇일까요? 바로 『논어』가 대화록이라는 사실입니다. 토론 과정의 단편들로 이뤄진 『논어』에는 인물과 인물이 상호 작용하는, 활기차고 현실적인 정신이 깃들어 있습니다. 공자는 물론 도리와 원칙을 말합니다. 그러나 어디까지나 실제 사실을 놓고 이치를 논합니다. 공허하고 추상적으로 말하는 법이 없습니다. 그래서 말 한마디 한마디에 각기 서로 다른 배경과 대상이 있으므로 시대나 현실 배경을 배제하거나 당시 일어난 사건을 무시한 채 『논어』를 읽어서는 안 됩니다.

『논어』는 『춘추좌씨전』(이하 『좌전』)과 전혀 다릅니다.

『좌전』은 엄격한 편년체編年體* 구조여서 『좌전』을 이해하려면 반드시 그 구조부터 파악해야 하지요. 반면에 『논어』는 상대적으로 느슨한 기록 모음입니다. 뚜렷한 의도에 따라 배열되지 않았으며 문구의 순서를 무리해서 짜 맞출 수도 없습니다.

이런 방식으로 『논어』를 읽으면 좀 더 넓은 공간에서 『논어』의 진정한 가치를 알게 됩니다. 『논어』를 통해 우리는 한 위대한 인격을 만날 것입니다. 그리고 그 인격과 가까워졌음을 느끼고 그 위대함에 진심으로 감동하고 승복하게 될 겁니다.

공자의 말에 귀 기울이기

공자는 기원전 551년에 태어나 기원전 479년에 죽었습니다. 『논어』는 그 후 얼마 뒤인 약 5세기 전반부에 완성되었지요. 따라서 우리는 이 책의 내용에 기원전 6세기에서 5세기 사이 춘추 시대의 사건과 사상이 반영되어 있다고 볼 수 있습니다. 실제 성립 시기가 의심스러운 몇몇 문헌을 제외하면 시간적으로 볼 때 『논어』는 중국의 전통 경전 중에서 상당히 앞쪽에 자리하는 셈입니다. 『시경』, 『서경』, 『좌전』

---

* 역사 사실을 연대순으로 기술하는 방식.

의 일부 내용보다는 조금 늦지만 동시에 이 책들의 일부 다른 내용보다는 조금 이르죠.

『논어』는 일찍 책으로 만들어졌을뿐더러 그 후, 매우 **빠**른 속도로 세상에 퍼졌습니다. 그 덕에 2천 년이 지난 지금도 공자에 대해 알 수 있으니 정말 다행이 아닐 수 없습니다. 공자의 이미지는 전국 시대에 이미 기본 형태가 잡혀 멋대로 왜곡할 수 없도록 굳어졌지요. 『장자』에서 공자가 등장하는 이야기들을 만들어 유가를 경멸하고 비웃기는 했습니다만 『장자』의 스타일을 감안한다면 그 이야기들이 우화이며 실제 공자와는 거리가 멀다는 것을 쉽게 알 수 있습니다.

사실 장자 같은 논적은 오히려 해가 없습니다. 정말 무서운 것은 유가와 공자의 추종자들입니다. 그들은 공자의 지위를 높이기 위해서 자신들이 타당하지 않다고 생각하는 기록은 없애고 반대로 자신들이 멋있고 위대하다고 생각하는 기록은 덧붙였습니다. 예를 들면 일찍이 진한秦漢 시대 이전에 『예기』의 몇몇 장章과 『주역』 「계사」繫辭의 많은 말을 공자의 입에서 나온 것으로 둔갑시켰습니다. 그 글들은 공자의 말을 인용하고 공자의 행실을 기록하고 있습니다. 하지만 공자는 결코 그런 말을 했을 리도 없고, 그런 행동을 했을 리도 없습니다.

어떻게 그것을 알 수 있을까요? 첫째, 춘추 시대의 관련 문헌을 통해 그 시대의 언어와 풍습을 파악하면 후인들이 날조한 흔적을 찾아낼 수 있습니다. 둘째, 이것이 더 중요한 방식인데, 『논어』를 기준으로 삼았을 때 『논어』의 언어, 사상, 가치와 맞물리지 않는다면 신빙성이 없다고 볼 수 있습니다.

『논어』에는 날조의 흔적이 거의 없습니다. 앞에서 말한 대로 『논어』가 일찍 책이 되어 세상에 넓게 퍼졌기 때문입니다. 누가 미처 손을 대기 전에 이미 그 주요 내용이 사람들의 마음속에 깊이 새겨진 것이지요. 따라서 우리가 지금 보고 있는 이 책은 대략 기원전 5세기에 편집된 원형 그대로입니다. 2천 년 넘게 조작과 변형의 위험에서 벗어나는 데 성공한 겁니다.

『논어』는 글자 수가 많은 책이 아닙니다. 그런데 그 많지 않은 내용 안에 뜻밖에도 완전히 똑같은 구절이 여러 번 나타납니다. 아마도 처음에 자료를 수집할 때 실수로 똑같은 내용을 중복해 기록하여 이런 현상이 빚어졌을 겁니다. 이런 명백한 오류는 상식대로라면 눈에 띄기도 쉽고 고치기도 쉽지요. 그런데도 아직까지 책에 남아 있는 것은 틀림없이 『논어』가 일찌감치 숭고한 지위를 획득하는 바람에 어떠한 수정도 허락되지 않았기 때문일 겁니다. 이런 기본적인 오류조차 고쳐지지 않았으니 『논어』가 재편집되거나 첨삭되었을 확률은 매우 낮습니다.

또한 『논어』는 오랜 세월에 걸친 연구에도 불구하고 아직까지 어떤 통일된 기준에 따라 장이 배열되었는지 믿을 만한 답이 나오지 않았습니다. 겉모양으로 보아 『논어』는 제자들이 각자 갖고 있던 기록을 모은 것으로서, 그중 누구도 편집의 권한을 독점하지 못하여 그렇게 무질서한 형태로 배열된 듯합니다. 그래서 오히려 우리는 더 안심할 수 있습니다. 만약 누군가 『논어』를 의도적으로 고치고 날조했다면 가장 혼란스러워 보이는 배열부터 손을 대어 더 명확하고 논리적으로 만들지 않았겠습니까.

한나라 이후 『논어』가 전승된 역사를 보면 '노논어'魯論語, '제논어'齊論語, '고문논어'古文論語 등 여러 학파의 판본이 있었습니다. 하지만 각 학파에서 가르친 『논어』는 기껏해야 서로 수백 자밖에 차이가 없었고 그나마 대부분 자구의 표현에만 나타날 뿐 내용은 큰 차이가 없었습니다. 『고문상서』古文尚書와 『금문상서』今文尚書처럼 서로 수십 편이 차이가 나거나 『춘추좌씨전』春秋左氏傳(또는 『춘추좌전』, 『좌전』)과 『춘추공양전』春秋公羊傳처럼 해석의 방향이 각각 완전히 다른 경우는 『논어』의 가르침과 계승의 과정에서 나타난 적이 없습니다.

오늘날 널리 읽히는 『논어』는 일명 '장후張侯논어'로서 서한 말엽 안창후安昌侯 장우張禹가 '노논어'와 '제논어'를 종합한 판본입니다. 나중에 동한 영제靈帝 때에 이르러 '장후논어'의 구절을 희평석경熹平石經*에 새겨 철저히 고정시킴으로써 다시는 변동이 없게 했습니다.

이처럼 『논어』는 한편으로는 안심하고 읽을 수 있는 경전입니다. 다른 상고 시대 경전을 읽을 때처럼 후대에 날조되고 삽입된 내용이 혹시 없는지 경계하며 볼 필요가 없습니다. 그러나 다른 한편으로는 불안해하며 읽을 수밖에 없기도 합니다. 왜냐하면 편찬자가 명확한 순서와 체계를 표시해 두지 않았으므로 그 혼란한 문구들이 서로 어떤 관계가 있는지 스스로 가늠해야 하기 때문입니다.

제자들의 기록

만약 공자의 제자들에게 기록하는 습관이 없었다면 『논어』는 탄생하지 못했을 겁니다. 그런데 학생이 기록을 하는 것은 너무나 당연한 일이 아닐까요? 아닙니다. 2천 년 전 동주東周 사회에서는 매우 드물고 대단한 일이었습니다. 어쨌

---

* 동한 희평(熹平) 연간에 조정에서 유학 경전들을 새기게 한 비석. 낙양의 태학太學 문 앞에 세웠다.

든 공자가 죽은 뒤, 제자들이 즉시 기록을 모아 『논어』를 묶을 수 있었던 것은 무엇보다도 그들이 평소에 글을 쓰고 기록을 남기는 습관을 가졌기 때문이었습니다.

절대 다수가 글자를 모르고 사람과 사람 사이의 소통이 글보다는 주로 말로 이뤄지던 그 시대, 글자를 알뿐더러 매우 능숙하게 구사하는 이들이 공자 옆에 모여 있었던 겁니다. 공자의 가장 큰 공헌은 서주西周의 귀족 교육 체계인 '왕관학'王官學의 내용을, 출신 신분으로 봤을 때 그런 자격이 부족한 이들에게 가르친 것이었습니다. 이는 실로 그 시대의 '차별 없는 교육'의 실현이었습니다.

귀족 교육의 핵심인 글쓰기가 공자를 통해 확대되고 전파되어 그 결과, 중국 최초의 민간 저술이 탄생했습니다. 『논어』 이전의 다른 문자 기록은 모두 왕조의 봉건 귀족과 직접적인 관계가 있습니다. 『시경』, 『서경』, 『춘추』는 다 귀족 교육의 중요한 교재였기에 문자로 기록된 겁니다. 『시경』은 관리가 민요를 수집해 민간의 사정을 살피던 채풍采風 및 귀족 연회의 여흥과 관계가 있으며, 『서경』은 조정의 문서를 모아 놓은 겁니다. 『춘추』는 사관이 자신의 직분에 따라 작성한 방대한 사건 기록이지요.

그렇게 기원전 5세기까지 이루어졌던 글쓰기에 대한 독

점과 제한을 공자는 교육이라는 방식을 빌려 부수었으며, 이에 힘입어 그의 제자들은 최초의 민간 저술인 『논어』를 집필했습니다.

좀 더 정확히 말하면 『논어』는 최초로 문자를 써서 개인의 행적을 쓴 책이지 최초로 개인이 쓴 책은 아닙니다. 앞서 말한 '왕관학'의 전통 안에 놓고 보면 『논어』의 위치는 다소 애매합니다. 우선 책에 기록된 인물은 천자도, 군주도 아니었으며 심지어 경卿의 신분조차 갖추지 못했습니다. 하지만 공자의 말과 행동은 어쨌든 귀족 교육의 기본 항목, 즉 어떻게 '군자'가 되고 또 어떻게 적절하면서도 효과적으로 나라를 다스리는 업무를 수행할지를 놓고 이루어집니다. 다시 말해 책의 내용은 왕관학의 전통을 계승한 반면, 책에서 말하는 목소리는 전통적인 고위 관리로서 발언할 자격을 갖추지 못한 인물의 것인 셈입니다.

또 다른 각도에서 볼 때, 『논어』는 결코 제자들 개개인의 의견을 드러낸 책이 아니며 심지어 공자 개인의 의견을 밝힌 책이라고 하기에도 무리가 있습니다. 공자는 자신이 "성인의 말을 전할 뿐 새로운 말을 지어내지 않는다"述而不作라고 강조했습니다. 이 말은 그의 마음속 깊은 신념을 나타냅니다. '공자 왈'子曰로 시작되는 모든 말은 공자로서는 주공

周公 이후 왕관학의 이념을 전달하거나 기껏해야 설명한 것에 지나지 않습니다. 결코 그 자신이 생각하고 창안한 주장이 아닙니다. 사실 여기에도 '공'公과 '사'私 사이의 모호함이 존재합니다.

사제 관계의 기점

역사적으로 『논어』의 선구적 의의는 여기에 그치지 않습니다. 더 새롭고 혁명적인 의의가 있지만 보통 무시되곤 하는데 그것은 바로 『논어』가 그 전에는 없었던 인간관계, 즉 사제 관계를 구현했다는 사실입니다.

『논어』가 공자의 제자들이 기록한 책이라는 것은 이미 앞에서 여러 번 거론한 바 있습니다. 그런데 '제자'란 무엇일까요? 이것은 공자가 처음 만들어 낸 새로운 캐릭터입니다. 공자 이전에는 스승과 제자라는 상대적인 관계가 있었음을 입증하는 확실한 증거를 찾아볼 수 없습니다.

전통적으로 공자를 '지성선사'至聖先師 또는 '선사'先師라고 높여 부른 것은 본래 그를 '첫 번째 스승', '가장 오래전에 나타난 스승'으로 간주했기 때문입니다. 여기에는 명확한 역사적 근거가 있습니다. 결코 그를 과대평가하고 형식적으로 숭배해서 쓴 말이 아닙니다.

공자 이전에는 교육은 있었으되 전문적인 교사는 없었습니다. 춘추 시대에 이르기까지 줄곧 귀족 교육만 있었고 귀족 교육은 귀족들의 계보 안에서 진행되었습니다. 예의범절, 음악, 활쏘기, 말 타기 또는 수레 몰기, 붓글씨, 수학 같은 것을 먼저 훈련받은 앞선 세대의 귀족이 다음 세대의 귀족에게 전수하는 식이었지요. 이것은 봉건 체제의 한 요소였습니다. 귀족 교육은 폐쇄적이고 독점적이어서 그 체제에 속한 사람만 교육을 받을 수 있었고, 그 체제에 속한 사람만 교육법을 알 수 있었습니다.

가르칠 자격이 있는 사람이 배울 자격이 있는 사람을 가르쳤는데, 그 자격은 혈연과 신분으로 정해졌습니다. 그래서 전국 시대의 문헌에 반복해서 나타나는 "아버지와 형의 기질이 자식과 동생에게 전해지지 않다"父兄不能以移子弟 같은 구절은 확실히 '아버지와 형'이 '자식과 동생'을 가르치는 교육 습관이 보편적으로 이어졌음을 알려 줍니다.

공자와 그가 가르친 사람들은 혈연관계가 아니었습니다. 공자의 수많은 제자들은 본래의 봉건 질서 속에서 그런 귀족 교육을 받을 자격조차 없었습니다. 따라서 공자가 맡은 역할은 사실상 봉건 질서를 파괴하는 것이었습니다. 혹은 다른 각도에서 보면 마침 봉건 질서가 흔들리던 춘추 시대였기에, 공자가 옛 체제의 규범을 어기고 본래 폐쇄적이고 독점적이었던 귀족 교육의 내용을 차별 없이 더 많은 이들에게 제공할 수 있었다고도 할 수 있습니다. 그리고 가족과 친족 간의 유대를 통해 교육을 받을 수 없었던 바로 그 사람들이 공자를 좇아 그의 '제자'가 되었습니다.

『좌전』을 보면 당시 각 나라가 내부적으로 '예'禮가 무시되고 무너지는 상황에 처해 있었음을 수많은 사례로 확인할 수 있습니다. 이에 따라 나라와 나라 사이의 고정된 관계도 흔들려 '예'에 입각한 본래의 평화롭고 정상적인 왕래가 더 이상 지속되지 못하면서, 권모술수와 무력에 호소하는 사건이 점점 더 늘어났습니다. 이는 과거에는 없었던 새로운 경쟁 국면이었습니다. 국내에서는 공자公子(군주의 아들)와 공자, 대부와 대부가, 국외에서는 나라와 나라가 갈수록 치열하게 경쟁을 벌였습니다.

경쟁의 승패는 대부분 인재가 좌우했습니다. 그리고 공자는 제자들이 관리가 되도록 가르쳤지요. 춘추 시대의 역사 상황을 되돌아본다면 공자의 교육은 혼란스럽고 변화하는 상황에서도 제자들이 '쓸모 있는' 역할을 하도록 가르치는 것이기도 했습니다. 새로운 변화는 인재에 대한 수요를 만들어 냈고 기존의 사회 구조로는 만족스러운 결과를 얻기 어려 웠습니다. 싸움을 잘하는 인재라도, 이제는 귀족과 귀족 간의 예의 바른 활쏘기와 말 타기로 하는 싸움 대신 수백 명을 지휘해 진을 치고 적과 대치할 수 있어야 했습니다. 외교와 절충에 능한 인재라면, 이제 평화로운 연회와 동맹 모임에 참여하고 우호 관계를 다지는 대신 강약을 가르는 긴장된 담판을 벌여야 했습니다. 그런 담판의 결과로 가볍게는 몇 군데 성을 잃거나 얻었으며 무겁게는 심지어 나라가 망할 위기를 부르기도 했습니다.

공자는 "때를 아는 성인"聖之時者으로서 누구보다 시대의 수요를 잘 알았습니다. 또한 교육 내용과 교육 대상을 혁명적으로 확대하여 정치, 외교, 군사 부문에서 능력을 발휘할 수 있는 인재들을 키워 냈습니다.

공자는 주공을 우상으로 삼고 주공이 건립한 예악禮樂의 질서로 돌아가기를 꿈꿨지만, 아이러니하게도 정말로 그 꿈이 실현되어 주나라 초기의 봉건 체계로 돌아갔다면 거기에 공자 같은 인물이 설 자리는 없었을 겁니다. 역사적으로 공자는 대단히 모순적인 인물입니다. 그가 행한 일들은 실질적으로 주나라의 봉건 문화를 망가뜨리고 훼손했습니다. 하지만 그가 동경한 것은 옛 봉건 체제, 다시 말해 그 자신과 같은

'스승'이 있을 수 없는 환경이었습니다.

공자가 생전에 크게 유명해진 첫 번째 원인은 많은 제자에게 획기적으로 귀족 교육을 펼쳤기 때문입니다. 그리고 두 번째 원인은 이보다 더 중요한데, 바로 그가 가르친 제자들이 진정으로 '쓸모가 있어서' 춘추 시대라는 시국의 수요에 부합했기 때문입니다. 이런 점에서 볼 때 공자는 어쩌면 최초의 뛰어난 인력 자원 전문가였습니다. 당시 인력 자원의 수요를 꿰뚫어보고 과감히 옛 틀에서 벗어나 적절한 인력 자원을 제공할 방법을 찾았던 겁니다.

$$2$$

스승으로서의 공자

먼저 예악에 나아가게 하다

우리는 『논어』를 읽으면서 공자의 가장 특별한 점이 그가 스승이었다는 사실에 있음을 반드시 기억해야 합니다. 그는 최초의 스승이자 그 시대의 유일무이한 스승이었을 가능성이 큽니다. 한평생 그의 가장 중요했던 신분도 스승이며, 이에 따라 그의 일생에서 가장 중요한 공적도 모두 이 스승이라는 신분과 이어지고, 그의 제자들과 관련됩니다.

『논어』에는 새로운 사제 관계로 인해 촉발된 사유와 문제 그리고 인간관계의 변화가 모두 담겨 있습니다.

앞에서 말한 대로『논어』에는 유기적인 편집 논리가 없기 때문에『논어』를 읽을 때는 알아서 본문을 주의 깊게 배열하고 대조하며 어떤 일관성을 찾고자 노력해야 합니다. 만약 그것이 불가능하거나 그러고 싶지 않다면 한 단락 한 단락 잘라 읽어야 합니다. 그런데 그렇게 하면 아무리『논어』를 달달 외우고 단락마다 진리로 받아들여도 공자와 가까워지고 그를 이해할 수 없습니다.

그러니 다른 각도에서 보기로 하지요. 우리가『논어』를 읽으면서 조금만 주의 깊게 배열하고 대조하기만 하면, 너무나 광범위하면서도 파편으로 보이는 내용에서 어떤 일관성의 실마리가 속속 드러납니다. 만약 그런 것들을 포착하고 허투루 넘기지 않는다면 다른 실마리로 연달아 이어지는 의미 구조를 서서히 찾을 수 있을 겁니다.

시험 삼아『논어』에서「선진」先進 편의 내용으로 공자와 그의 사상을 탐색하고 이해해 봅시다.

「선진」편의 첫째 장입니다.

공자께서 말씀하셨다. "먼저 예악에 나아가는 것은 야인野人이고 나중에 예악에 나아가는 것은 군자다. 만약 실제로 쓰고자 한다면 나는 먼저 나아가는 쪽을 좇겠다."

子曰 "先進於禮樂, 野人也. 後進於禮樂, 君子也. 如用之, 則吾
從先進."

제자들이 수시로 기록한 글이기 때문에 『논어』의 단어
는 통일되고 일관된 뜻으로 쓰이지 않습니다. 그러므로 앞뒤
문맥을 세심하게 살펴야 합니다. 예를 들어 '군자/소인'이나
이 글의 '군자/야인'의 대조는 서로 다른 문맥에서 의미가 완
전히 다릅니다.

여기에서는 '군자'와 '야인'이 전통적인 의미로 쓰여 주
로 신분의 차이를 가리킵니다. 대부 이상의 인물은 '군자'라
불렀고 대부보다 신분이 낮은 인물은 '야인'이라 불렸지요.
때로는 '야인' 대신 '소인'이라 하기도 했습니다. '야인'은 '소
인'보다 더 오래된 용어로서 본래 '국인'國人과 짝을 이루었습
니다. '國'(국)이라는 글자는 성벽으로 둘러싸인 지역을 가리
키므로 '국인'은 곧 성안에 사는 사람입니다. 그러면 '야인'
은 어떤 사람이었을까요? 성을 둘러싼 주변 지역에 사는, 신
분이 낮은 사람이었습니다.

그러나 『논어』에서 공자는 '군자/소인'에 조금 다르면
서도 관련이 있는, 또 다른 의미를 부여했습니다. 본래 '군

자'는 그런 신분을 가진 사람을 가리키기도 하고, 그런 신분에 마땅히 갖추어야 할 수양과 지혜를 가진 사람을 가리키기도 했습니다. 대부 이상의 귀족은 반드시 귀족 교육을 받아 특수한 지식과 능력을 갖추는 한편, 봉건 제도의 질서를 유지하기 위한 예절과 의례의 관습을 익히고 이해해야 했기 때문입니다. 그런데 공자는 자신의 시대에 귀족 신분이 아닌 사람들에게 적극적으로 귀족 교육을 보급했습니다. 그 결과, '군자'의 정의는 신분과 인격·덕성으로 나뉘었고, 이에 따라 공자는 그런 인격과 덕성을 가진 사람도 '군자'라고 불렀습니다.

신분과 인격·덕성의 분리는 또 다른 종류의 인물 유형도 낳았습니다. 곧 신분은 귀족인데 귀족의 인격과 덕성은 갖추지 못한 사람입니다. 공자는 『논어』에서 그런 '수준 이하'의 사람들을 겨냥해 많은 이야기를 쏟아냈습니다.

「선진」편의 첫째 장에서 공자는 전통적인 '군자/야인'을 대비해 우리에게 두 종류의 인물을 제시하지요. 첫 번째는 아직 대부 이상의 직위를 얻지 못한 상태에서 먼저 예악을 배운 인물이고, 두 번째는 대부 이상의 직위를 얻고 나서야 신분상의 필요로 예악을 배우는 인물입니다. 이 간단한 구절의 뒤에 봉건 질서의 분열이 비칩니다. 본래의 봉건 체제에 따르면 '군자'가 '군자'이고 '야인'이 '야인'임을 결정하는 것은 신분이었습니다. '군자'는 귀족의 왕관학을 배웠고 '야인'은 그런 교육을 받을 기회가 전혀 없었습니다. 이는 개인의 선택과는 무관했습니다.

그런데 춘추 시대에 이르자 선택의 기회가 생겼고 각기 다른 선택의 결과도 나타났습니다. '야인'에게는 귀족의 예악 교육을 택할 기회가 생겼으며, '군자'도 자기가 원하는 시기를 택해 예악을 배울 수 있게 되었습니다. 게다가 귀족 신분으로 태어난 사람이 반드시 일정한 책임을 지는 관행도 약화되었습니다. 일부는 국정과 외교에 참여했지만 일부는 한평생 귀족이라는 허명만 내걸고 빈둥거리며 살았습니다.

그 시대에 구舊귀족의 태도는 자리와 직무가 생겼을 때 관련 지식과 기능을 잘 익히면 된다는 것이었지요. 그 지식과 기능이란 군주와 다른 고관들을 대하는 예의, 연회에서 쓰이는 음악과 그 의미 그리고 시를 인용해 넌지시 자신의 의사를 표현하는 방법 등이었습니다. 그런데 언제부터인가 새로운 유형의 인물들이 나타났습니다. 그 '야인'들은 적극적인 태도로 알아서 예악을 배우고 만반의 준비를 갖춰, 누가 자기를 필요로 하면 즉시 국정과 외교의 책임을 맡았습니다.

사실상 공자의 주요 업무는 제자들이 "먼저 예악에 나아가게" 하는 것이었습니다. 그의 제자들, 다시 말해 "먼저 예악에 나아가는" 사람들은 평소 공자의 가르침 아래 열심히 예악과 규범을 익히다가 언제든 국정과 외교 분야에서 그것을 활용할 수 있었습니다. 그래서 공자는 "정말로 국정에 쓰고자 한다면 나는 '먼저 나아간 사람', 즉 이미 준비를 마친 사람을 쓰겠다"고 주장한 겁니다.

포위된 스승과 제자들

「선진」편 둘째 장은 이렇습니다.

공자께서 말씀하셨다. "나를 따라 진陳나라와 채나라에 갔던 사람들이 모두 문하에 있지 않구나."

子曰 "從我於陳蔡者, 皆不及門也."

공자와 제자들의 관계를 전혀 모르는 사람이라면 이 짧은 구절을 보고 아무것도 읽어 내지 못할 겁니다. 하지만 그들의 관계를 잘 아는 사람에게 이 구절은 대단히 의미심장합니다.

　『사기』「공자세가」孔子世家를 보면 또 이런 이야기가 나옵니다.

　오吳나라가 진陳나라를 공격하자, 초나라는 진나라를 구하려고 성보城父에 군대를 주둔시켰다. 공자가 진나라와 채나라 사이에 있다는 소식을 듣고서 초나라는 사람을 보내 그를 초빙하였고 공자는 가서 예를 갖추려 했다. 이에 진나라와 채나라의 대부들이 모의해 말했다.

　"공자는 현자이고 그가 풍자하고 비판하는 것은 모두 제후들의 병폐에 꼭 들어맞는다. 지금 그는 오랫동안 진나라와 채나라 사이에 머무르고 있었고 그간 우리 대부들이 시행한 일은 전부 그의 뜻에 맞지 않을 것이다. 지금 대국 초나라에서 공자를 초빙했는데, 공자가 초나라에 등용되면 진나라와 채나라에서 일하는 대부들은 위험해질 것이다."

　이에 그들은 함께 노역자들을 보내 들판에서 공자를 포위했다. 공자는 초나라로 가지 못했고 식량이 떨어졌으며 수행자들은 병들어 일어나지도 못했다. …… 이에 공자는 자공을 초나라에 사자로 보냈고 초나라 소왕은 군대를 일으켜 공자를 맞으러 보냈다. 그런 뒤에야 포위가 풀렸다.

吳伐陳, 楚救陳, 軍于城父. 聞孔子在陳蔡之間, 楚使人聘孔子, 孔子將往拜禮. 陳蔡大夫謀曰 "孔子賢者, 所刺譏皆中諸侯之疾, 今者久留陳蔡之間, 諸大夫所設行皆非仲尼之意. 今楚, 大國也, 來聘孔子, 孔子用於楚, 則陳蔡用事大夫危矣." 於是乃相與發徒役圍孔子於野. 不得行, 絕糧, 從者病, 莫能興. …… 於是使子貢至楚, 楚昭王興師迎孔子, 然後得免.

이는 춘추 시대 오나라와 초나라, 이 두 대국이 다투는 과정에서 일어난 일화입니다. 오나라가 진나라를 공격하자, 진나라는 대적하지 못하고 초나라에 구원을 청했으며 초나라는 군대를 파견해 성보를 지키게 했습니다. 초나라 소왕은 이때 공자와 그의 제자들이 진나라와 채나라 사이에 머무르고 있다는 소식을 접하고 즉시 사신을 보내 초나라에 와서 도움을 달라고 공자를 초청합니다. 이에 공자는 초나라에 가거나 적어도 답례를 하려고 하지요. 하지만 당시 거의 초나라에 종속되어 있던 진나라와 채나라는 그 일을 심상치 않게 받아들입니다. 진나라와 채나라의 정권을 쥔 대부들은 서로 의논합니다.

"공자는 무서운 자다. 각국 군주의 결함을 훤히 꿰뚫고 손쉽게 군주를 설득시킨다. 그는 우리 지역에 오래 머물면서 우리가 행한 일을 간파하고 마땅치 않게 생각한다. 지금 초나라가 그를 초빙했으니 그가 초나라에 가서 권력을 쥔다면 우리에게 골칫거리가 될 것이다."

그래서 그들은 노역자들을 동원해 공자와 그의 제자들을 성 밖에서 포위하게 합니다. 공자 일행은 속수무책으로 고립되어 나중에는 식량도 떨어지고 제자들이 병으로 쓰러지는 지경에 처합니다. 그나마 다행히 가장 유능한 자공子貢이 초나라로 달려가 소왕에게 도움을 청했고 소왕은 즉시 군대를 파견해 그 노역자들을 쫓아냅니다. 이렇게 해서 초나라는 공자를 맞이합니다.

"식량이 떨어졌다", "수행자들은 병들어 일어나지도 못했다", "그런 뒤에야 포위가 풀렸다" 등의 구절을 보면 사태가 얼마나 급박했는지 알 수 있습니다. 진나라와 채나라의 대부들은 단지 공자를 괴롭히고 혼을 내주려 했을 뿐만 아니라 정말로 그와 그의 제자들을 죽게 할 작정이었습니다. 만약 자공이 때맞춰 초나라 군대를 데리고 와 포위를 풀지 않았다면 공자 일행은 꼼짝없이 그곳에서 죽고 말았을 겁니다.

여러 나라를 주유하고 노나라로 돌아온 뒤, 공자는 어느 날 문득 그 위험했던 사건이 생각나 주위를 돌아보고는 탄식하며 말합니다.

"아, 옛날에 나와 함께 진나라와 채나라 사이에서 목숨을 잃을 뻔했던 제자들이 지금은 다 떠나 버렸구나!"

공자가 여러 나라를 주유한 것은 관광을 하기 위해서가 아니었습니다. 자기가 키워 낸 '쓸모 있는' 인재들을 데리고 각국에 들러 군주들에게 추천하기 위해서였습니다. 급변하는 정국에 대응하기 위해 당시 각국에서는 모두 인재를 필요로 했습니다. 이런 상황에서 공자는 자신이 가르친 제자들이 예의를 두루 익힌 데다 예의 근본정신까지 이해하여, 각국의 구舊귀족보다 훨씬 더 유능하다고 믿었습니다.

이는 역사적으로 놀라운 광경입니다. 한 스승이 제자들을 이끌고 이 나라 저 나라를 떠돌며, 제자들을 등용하고 능력을 발휘하게 해 줄 군주를 찾았던 겁니다. 내일은 어떤 곳에 닿을지, 또 어떤 권세가의 후원으로 다음 끼니를 때울지 모르는 상태에서 그들은 밤낮으로 위험천만한 생활을 함께 했습니다. 그러다가 도중에 뜻밖의 재난을 맞아 적에게 포위되어 거의 굶어 죽을 뻔한 것이지요.

주나라 사회는 본래 친족 관계를 바탕으로 세워졌습니다. 그래서 인간관계의 멀고 가까움도 혈연관계의 멀고 가까움으로 결정되었습니다. 이로 인해 혈연적으로 가까운 사람일수록 자신의 삶에서 더 중요한 비중을 차지했고, 자기 삶의 핵심 경험 역시 혈연적으로 가까운 사람들 사이에서 생겼습니다. 그러나 공자는 그렇지 않았습니다. 그의 삶에서 가장 핵심이 되고 가장 기억할 만한 이야기는 전부 제자들과의 관계에서 생겼습니다. 공자와 자로子路, 안회顏回, 염유冉有, 자공 같은 제자들의 관계는 공자와 그의 아들 공리孔鯉의 관계보다 훨씬 더 가깝고 중요했습니다.

따라서 "모두 문하에 있지 않구나"라는 탄식 뒤에는 함께 굶어 죽을 뻔했던 과거의 잊을 수 없는 기억이 자리하고 있습니다. 아울러 봉건적 친족 관계의 부재에 대한 아쉬움도 느껴집니다. 그들이 전통적인 친족이 아니라 제자였기에 한때 동고동락한 사이였음에도 세월이 지남에 따라 뿔뿔이 흩어졌기 때문입니다.

개성을 존중하다

어떤 무리에게 정말로 사회의 폐단을 개혁하고 개조할 능력이 있다면 그들은 당연히 어디에서도 환영받지 못합니다. 적어도 각국에서 권력을 쥐고 있던 대부들에게는 환영받을 수 없습니다. 공자의 무리는 어떤 나라에 도착하면 어김

없이 그곳의 문제와 병폐를 먼저 살폈습니다. 그러다 그 나라 군주를 만나기라도 하면 공자는 과연 어떤 이야기를 했을까요? 그 나라의 모든 것이 훌륭하고 부러움을 살 만하다고 아첨을 했을까요? 그랬을 리가 없지요. 공자는 먼저 그 나라의 문제와 잠재 위험을 지적한 다음, 나라를 개선할 마음이 있다면 문제의 해결과 위험의 방지를 도울 제자를 추천해 주겠다고 했습니다. 사실 진나라와 채나라의 대부들이 그런 극단적인 방법으로 공자가 초나라 왕을 만나러 가는 것을 막은 것도 그가 초나라 왕에게 두 나라의 정치에 대한 의견을 고할까 두려웠기 때문입니다.

　당시의 군주들조차 공자와 그의 무리에게 모순된 마음을 품고 있었습니다. 『논어』를 보면 많은 군주가 정치에 관해 공자에게 꼬치꼬치 캐묻습니다. 하지만 그러면서도 공자를 중용하지 않아 공자로 하여금 "도를 행할 수 없구나"道之不行라고 개탄하게 만듭니다. 왜 이런 일이 벌어졌을까요? 군주들은 공자의 말이 일리가 있다고 느끼면서도 만약 공자와 그의 제자들을 등용하고 공자의 주장을 실제로 추진한다면 틀림없이 나라 안에서 큰 반발이 일어날 것이라고 생각한 겁니다.

　더 복잡한 측면도 있습니다. 공자 일행이 당당하게 자기

나라를 지나가는 것이 눈에 보이면 군주들은 그들을 그냥 보내면서도 혹시 그들이 다른 나라에 등용되어 자기 나라에 대적하지 않을까 염려했습니다. 특수한 정치 능력을 가진 무리는 어느 나라에게나 잠재적인 위협이었으니까요.

「선진」편의 셋째 장은 다음과 같습니다.

> "덕행은 안연, 민자건, 염백우, 중궁이고 언어는 재아, 자공이며 정사政事는 염유, 계로, 문학은 자유, 자하이다."

> 德行 顔淵, 閔子騫, 冉伯牛, 仲弓. 言語 宰我, 子貢. 政事 冉有, 季路. 文學 子游, 子夏.

송나라 주희朱熹의 『사서집주』四書集注에서는 이 구절을 앞 장의 뒤에 붙여서, 공자가 자신을 좇아 진나라와 채나라 사이에 갔던 제자들을 기억하며 거명하는 것으로 간주합니다. 그러나 자세히 따져 보면 그것은 말이 안 됩니다. 공자가 진나라와 채나라 사이에서 곤욕을 치를 때 염유는 계손씨季孫氏 가문에서 일하느라 그를 수행하지 못했으며 자유子游와 자하子夏도 아직 미성년이어서 그 무리에 끼었을 가능성이 희박합니다.

따라서 합리적으로 읽자면 이 장은 따로 독립시켜, 공자가 제자들의 서로 다른 특기와 능력 그리고 공자 교육의 핵심을 이야기하는 부분으로 봐야 합니다.

앞에서 공자가 첫 번째로 꼽은 항목은 역시 그가 마음속으로 가장 중시한 '덕행'입니다. 덕행은 근본입니다. 그리고 두 번째 항목은 교육과 전파에 쓰이면서 외교의 절충에도 사용되는 '언어'입니다. 언어는 임기응변 능력을 뜻하기도 하지요. 이 능력이 뛰어난 사람은 당시의 재상을 맡기에 가장 적합했습니다. 나라와 나라 사이의 회담에서 능숙한 예절과 재기 넘치는 언변으로 상황을 자기편에 유리한 쪽으로 몰아갈 수 있었으니까요.

세 번째 항목은 '정사'政事입니다. 이 항목에 염유와 계로季路(자로)를 넣은 것에서 우리는 이른바 '정사'가 주로 군주, 경, 대부의 '가신'이 담당하는 일임을 알 수 있습니다. 행정에서 군사에 이르는 기획과 관리 업무지요.

네 번째 항목인 '문학'은 주로 문헌에 대한 이해, 문서 작성, 사상의 정리와 보급을 뜻합니다. 다시 말해 옛 왕관학의 내용을 이해하고 발전시키는 능력을 말하지요. 공자는 역사와 문화의 계승을 중요하게 생각했습니다. 『논어』를 보면 그가 안타까운 어조로 "나는 하夏나라 문화를 어느 정도 이

해하지만 하나라의 후예가 있는 기杞나라에도 나의 이해를
검증해 줄 만한 문헌이 별로 남아 있지 않다. 또한 나는 상商
나라 문화도 어느 정도 이해하지만 상나라의 후예가 있는 송
나라에도 나의 이해를 검증해 줄 만한 문헌이 별로 남아 있
지 않다"라고 말한 구절이 실려 있습니다. 그래서 공자는 제
자들을 가르치면서 특별히 주나라 문헌의 보존과 발양을 강
조했습니다. 훗날의 기록을 보면 공자의 사후에 유가는 여러
갈래로 나뉘었습니다. 그중 자유와 자하가 강력한 파벌을 형
성했는데 그들은 『논어』의 편찬 과정에서도 중요한 역할을
담당했기 때문에 『논어』에는 '문학'의 의미가 잘 설명되어
있습니다.

공자는 많은 제자를 두었지만 결코 통일된 교재와 고정
된 수업, 똑같은 교육 방법을 쓰지 않았습니다. 당연히 모두
에게 일제히 적용되는 평가 기준도 없었습니다. 공자의 제자
들은 그의 문하에서 다양한 능력을 키울 수 있었습니다. 하
지만 이보다 더 중요한 것은 『논어』에 등장하는 많은 제자
들이 저마다 뚜렷한 개성의 소유자였다는 사실입니다. 공자
는 그들이 자신의 개성을 잘 보존하고 발휘하도록 이끌었습
니다.

교학상장의 참뜻

다음은 「선진」편의 넷째 장입니다.

회는 나를 돕는 사람이 아니니, 내 말에 기뻐하지 않는 바가
없다.

子曰 "回也, 非助我者也, 於吾言無所不說."

안회는 대단히 개성이 뚜렷한 제자였습니다. 이런 그를
평하여 공자는 "안회는 내게 도움이 되는 제자가 아니다. 왜
냐하면 내가 하는 말을 듣고 기뻐하지 않는 적이 없기 때문
이다"라고 말했습니다. 뭔가 원망하는 말처럼 들리지만 실
제로 이 말에는 당연히 칭찬의 뜻이 깃들어 있습니다.

앞에서 우리는 공자가 스승의 신분이었음을 확인한 바
있습니다. 스승이란 무엇일까요? 오늘날 우리는 학생보다
많은 것을 알고 또 학생보다 높은 지위와 권위를 지녀서 학
생을 가르치고 관리할 수 있는 사람을 스승이라고 생각합니
다. 그러나 '선사'인 공자는 결코 그렇게 여기지 않았습니다.
그가 보기에 스승은 학생과의 상호 작용을 통해, 특히 자신

이 말하고 가르치는 내용에 대한 학생들의 의문과 반박을 통해 끊임없이 스스로 정진하는 사람이어야 했습니다. 스승은 당연히 학생에게 도움을 주는 존재지만, 만약 스승과 학생 사이에 스승이 학생을 돕고 영향을 주는 일방적인 관계만 있고 거꾸로 학생이 스승에게 아무 도움도 되지 못하고 영향도 주지 못한다면 그것은 공자가 바라는 이상적인 상황이 아니었습니다.

이런 생각을 가졌기에 공자는 자기가 무슨 말을 해도 기꺼워하기만 하는 안회를 두고 "나를 돕는 사람이 아니다"라고 불평한 겁니다. 그는 진심으로 가르치고 배우면서 서로 성장하는 교학상장敎學相長을 중요하게 생각한 인물이었습니다. 『논어』를 보면 수많은 제자의 '질문'이 실려 있고 그중에서 어떤 질문은 제자가 잘 이해가지 않는 부분을 반복해 캐물어 더 완전하고 자세한 답을 요구합니다. 이런 질문에 답하다 보면 스승의 설명도 더 완전해지고 자세해지기 마련입니다. 아울러 또 다른 종류의 질문은 스승의 말과 행동에 의문을 제기합니다. 특히 자로는 걸핏하면 스승에게 대들 듯이 묻곤 했습니다. "말씀이 왜 그렇게 진부합니까?", "처신이 원칙에 어긋나는 것 아닙니까?"라고 말이지요. 이런 질문은 공자로 하여금 자신의 언행이 일치하는지 혹은 앞뒤가 맞는지 돌아보게 했습니다. 아마도 이런 사람이야말로 공자가 생각한 '나를 돕는 사람'이었을 겁니다.

공자는 결코 권위적인 스승이 아니었습니다. 『논어』에서 그는 심지어 화난 제자 때문에 저주의 말을 하기까지 합니다. 가장 유명한 이야기를 예로 들어 보지요. 공자는 위衛나라에 갔을 때 위나라 군주 영공靈公이 총애하던 첩인 미녀 남자南子를 찾아가 만났습니다. 그녀를 만나고 돌아가는 길에 자로는 인상을 쓰면서 공자가 남자의 미색에 유혹을 당했거나 남자를 통해 위나라 영공에게 영향을 끼치려 했다고 질책했습니다. 이 둘 중 어느 쪽이든 공자가 가르친 원칙에 어긋난다는 것이었습니다. 이때 공자는 자로에게, 그녀를 찾아간 것은 남의 땅에 와서 예의상 인사를 하러 간 것일 뿐이라고 설명했습니다. 하지만 자로는 납득하지 못했고 이에 다급해진 공자는 뜻밖에도 "하늘이 싫어하실 것이다! 하늘이 싫어하실 것이다!"天厭之! 天厭之!라고 외쳤습니다. 이 말을 최대한 풀어 보면 "만약 내가 정말로 네가 말한 것처럼 그랬다면 하늘이 벼락을 내려 나를 죽일 것이다!" 정도일 것입니다. 이런 저주 섞인 말은 사실 지고한 권위자의 입에서 나올 만한 것이 아니지요.

어쨌든 안회에 대한 공자의 원망은 진짜 원망이 아니었

습니다. 그가 마지막 한마디에서 '기쁠 열說' 자를 쓴 것만 봐도 알 수 있습니다. 이 '說'(열) 자는 '悅'(열) 자와 통하며 마음속에서 우러나온 기쁨과 희열을 뜻합니다.

'說'(열)과 '樂'(락)은 『논어』의 키워드이자 핵심 개념입니다. 『논어』 전체의 첫 장을 살펴봅시다.

배우고 때로 익히면 역시 기쁘지 아니한가. 친구가 있어 먼 곳에서 와 주면 역시 즐겁지 아니한가. 남이 알아주지 않아도 노하지 않으면 역시 군자가 아니겠는가.

學而時習之, 不亦說乎? 有朋自遠方來, 不亦樂乎? 人不知而不慍, 不亦君子乎?

누구나 한 번쯤 들어 봤을 이 구절에서 전체를 관통하는 글자가 바로 '열'과 '락'입니다.

배운 지식과 기능을 끊임없이 되새기고 연습하는 것을 기뻐하지 않을 사람이 어디 있겠습니까? 먼 곳에 사는 친구가 찾아와 만났을 때도 역시 즐겁지 않을 사람이 어디 있겠습니까? 자기가 가진 능력과 장점을 남이 알아주지 않아도 화를 내지 않는다면 그런 사람이 왜 군자가 아니겠습니까?

겉으로 보기에는 이 세 번째 구절에는 '열'이나 '락' 자가 없지만 곰곰이 생각해 보면 역시 '열'과 '락'을 이야기하고 있음을 알 수 있습니다.

남이 알아주든 말든, 자신의 학문과 능력을 인정해 주든 말든 개의치 않을 수 있는 사람은 어떤 사람일까요? 바로 남에게 자랑하기 위해서가 아니라 오직 자기 자신을 위해 학문을 추구하고 능력을 쌓는 사람입니다. 나중에 순자荀子가 한 말을 살펴보면 이해가 더 쉽습니다. 그는 '군자의 배움'君子之學을 가리켜 '자신을 위한 배움'爲己之學이라고 정의했습니다. '소인의 배움'小人之學은 외적인 명성이나 이익을 추구하기 위한 배움으로, 배움을 명리名利와 바꾸는 도구로 취급합니다. 군자의 배움은 그렇지 않아서, 배움 그 자체를 목적으로 삼지 수단으로 보지 않습니다. 그리고 배움이 군자에게 가져다주는 동시에 군자를 매료시키는 것은 배우고 익히는 과정에서 따라오는 기쁨입니다. 학습과 정진 속에서 이미 보상을 얻기에 군자는 남이 알아주지 않아도 개의치 않으며 화를 내거나 원망하지도 않는 겁니다.

배움을 좋아한다는 것

「학이」學而 편의 또 다른 구절입니다.

자공이 말했다. "가난하면서도 비굴하지 않고 부유하면서도 교만하지 않다면 어떻습니까?" 공자께서 말씀하셨다. "좋다. 하지만 가난하면서도 즐거워하고 부유하면서도 예를 좋아하는 것만은 못하다." 자공이 말했다. "『시경』에서 이르는 '끊는 듯 닦는 듯, 쪼는 듯 가는 듯하네'라는 것이 이를 두고 한 말입니까?" 공자께서 말씀하셨다. "사賜야, 이제 너와 더불어 『시경』을 이야기할 수 있겠다. 지나간 일을 알려 주니 다가올 일을 아는구나."

子貢曰 "貧而無諂, 富而無驕, 何如?" 子曰 "可也. 未若貧而樂, 富而好禮者也." 子貢曰 "詩云 '如切如磋, 如琢如磨', 其斯之謂與?" 子曰 "賜也, 始可與言詩已矣, 告諸往而知來者."

특기가 '언어'였던 자공은 말을 잘하는 인물이었습니다. 여기에서 그는 질문 형식으로 교묘하게 스승의 가르침에 대한 자신의 이해를 표현합니다. "가난해도 스스로 비천하다고 생각지 않아 부자와 권세가에게 아첨하지 않는 사람 그리고 부유해도 교만하거나 뽐내지 않는 사람을 어떻게 생각하십니까?"라고 말입니다. 아마도 자공은 이 말로 처세의 지혜에 대한 자신의 이해와 삶의 신념을 피력했다고 여기고 틀림없이 스승의 칭찬을 기대했을 겁니다. 그러나 스승으로서 공자는 성격에 맞춰 제자를 적절히 깨우쳐 주는 데 능했습니다. 그는 "그 정도만 해도 이미 괜찮은 편이지만 아주 뛰어나지는 않다. 더 뛰어난 것은 가난에 시달려도 삶의 즐거움을 잃지 않는 것이고, 또한 돈이 많아도 언제나 성실하게 예의와 규범을 애호하는 것이다"라고 답했습니다.

자공은 빈부로 인해 외적인 행태가 변해서는 안 된다고 말했습니다. 이에 대해 공자는 한 걸음 더 나아가 빈부로 인해 내면이 변하지 않는 것이 더 중요하다고 그에게 일깨워 준 겁니다. "가난하면서도 비굴하지 않음"은 억지로 부자와 권세가 앞에서 강직함을 과시하는 것이 아닙니다. 배움과 실천과 벗들과의 즐거운 왕래를 통해 항상 넉넉한 마음을 유지하는 겁니다. 이런 사람은 어떠한 결핍도 느끼지 않으므로 남 앞에서 비굴하게 굴 필요가 없습니다. 또한 부귀해졌더라도 교만한 사람이 되지 않으려고 매일같이 스스로 경계하고 노력하는 게 아니라, 예절과 의례에서 규정한 인간관계나 타인과 자신에 대한 존중을 진심으로 애호한다면 부귀해졌다고 남을 대하는 방식이 바뀔 리 없습니다.

확실히 공자의 경지는 자공보다 높았습니다. 그는 내면의 희열과 진심을 바탕으로 삼았기 때문입니다. 그때 자공은 크게 깨닫고 찬탄하며 "『시경』「기오」淇奧 편의 '끊는 듯 닦는 듯, 쪼는 듯 가는 듯하네'라는 구절은 다듬지 않은 옥을 세밀하게 가공하면 할수록 더 아름다워지는 것을 형용합니다. 이 구절은 곧 스승님의 이 가르침을 가리키는 것이로군요!"라고 말합니다. 다시 말해 사람의 행동과 인품은 마치 옥을 다듬는 것처럼 끊임없는 노력으로 더 높고 아름다운 경지에 이를 수 있다는 뜻입니다. 이 말을 듣고 공자는 대단히 기뻐합니다. 자공이 자기가 한 말과 스승이 말한 이치가 완전히 차원이 다름을 이해했을뿐더러 『시경』의 내용을 인용해 더 분명하게 뜻을 밝혔다고 판단한 겁니다. 그래서 아낌없이 그를 칭찬하며 이렇게 말합니다. "사(자공)야, 이제 너와 『시경』의 내용에 관해 토론할 수 있겠구나. 너는 이미 『시경』을 읽고 이해하는 가장 중요한 방법을 터득했다. 하나의 사실로부터 또 다른 사실을 연상하고 연역해 낼 수 있으니 말이다."

마찬가지로 「학이」 편에는 이런 구절도 있습니다.

공자께서 말씀하셨다. "군자는 먹는 데 배부름을 구하지 않고 거처하는 데 편안을 구하지 않는다. 일에는 민첩하고 말에는 신중하며 도가 있는 곳으로 나아가 자기를 바로잡으면 배움을 좋아한다고 말할 수 있다."

子曰 "君子食無求飽, 居無求安, 敏於事而愼於言, 就有道而正焉, 可謂好學也已."

공자가 보기에는 어떤 사람이 "배움을 좋아한다"好學고 할 수 있었을까요? 적어도 그중의 한 조건은 "먹는 데 배부름을 구하지 않고 거처하는 데 편안을 구하지 않는 것"이었습니다. 일부러 고행을 주장하거나 제창한 것은 아닙니다. 불교에서 말하듯 욕망을 끊어야 도를 추구할 수 있다고 생각한 것은 더더욱 아닙니다. 진정으로 "배움을 좋아하는" 사람은 배움에서 충분히 희열과 만족을 얻을 수 있으므로 자연히 보통의 먹고 자는 즐거움을 좇는 데 힘을 들일 리 없다는 말입니다. 바꿔 말하면 먹고 자는 감각적 즐거움에 대한 유혹에 약해 그저 억지로 욕망을 자제하며 배우는 사람은 진정으로 "배움을 좋아하는" 사람일 수 없겠지요.

그러면 안회는 왜 공자에게 "나를 돕는 사람이 아니다"라는 소리를 들었을까요? 공자는 그가 "내 말에 따르지 않는 바가 없다"고 칭찬하는 대신 "내 말에 기뻐하지 않는 바가 없다"고 말했습니다. 이 말을 통해 공자는 자기가 무슨 말을 하든 안회가 즉시 이해하고 충심으로 그 도리를 믿는 동시에 그 도리를 내면화해 처세의 원칙으로 삼는다고 표현한 겁니다. 어찌 보면 이런 제자는 스승의 지혜를 스펀지처럼 끊임없이 흡수하기만 하고 도전하거나 반기를 드는 일이 없어서 스승의 가르침에 전혀 자극이 돼 주지 못합니다. 그러나 다른 각도로 보면 이런 제자야말로 스승에게 크나큰 위안과 만족을 주지 않을까요?

안회는 진정으로 "배움을 좋아하는" 사람이었습니다. 「옹야」雍也 편을 보면 이런 구절이 나옵니다.

공자께서 말씀하셨다. "어질도다, 회야! 한 그릇의 밥과 한 표주박의 마실 것으로 누추한 거리에 살면 다른 사람은 그 근심을 견디지 못하거늘 회는 그 즐거움을 고치지 않는다. 어질도다, 회야!"

子曰 "賢哉, 回也! 一簞食一瓢飲, 在陋巷, 人不堪其憂, 回也不改其樂. 賢哉, 回也!"

"한 그릇의 밥과 한 표주박의 마실 것"은 대단히 검소한 삶을 의미합니다. 보통 사람은 이런 삶을 참아 내지 못하는데 안회는 "그 즐거움을 고치지 않았습니다." 왜냐하면 그는 풍부한 내적 삶을 누려 '배불리 먹는 것'과 '편안히 거처하는 것'을 그리 중요하게 여기지 않았기 때문입니다.

북송北宋 시기 유학의 부흥기에 장재張載는 정호程灝, 정이程頤 형제*를 가르치면서 가르침의 한 방법으로 그들에게 '공자와 안회가 즐거웠던 까닭'을 정리하고 생각하게 했습니다. 확실히 이것이야말로 공자를 깊이 이해할 수 있는 최상의 관점입니다.

---

* 북송 시기 신(新)유학의 기초를 닦은 학자들로, 장재는 정호와 정이 형제의 친척이기도 하다. 이들이 세운 철학은 훗날 성리학과 양명학이 발전하는 밑거름이 되었다.

공자는 진리의 확성기가 아니었다

공자는 도리만 늘어놓지 않았다

『논어』를 읽으면서 우리는 공자가 무슨 '진리의 확성기' 처럼 온종일 도리를 늘어놓는 데만 열중하지는 않았음을 수시로 상기해야 합니다. 공자에게는 그 자신의 삶이 있었습니다. 특히나 제자들과 친밀하게 서로 소통하는 삶이 있었죠. 또한 마음속에는 그 시대를 살아가는 갖가지 고통과 괴로움이 있었을뿐더러 강렬하고 풍부한 감수성도 간직하고 있었습니다.

공자를 '진리의 확성기'로 간주하고 『논어』의 각 구절을 현실과 감정의 맥락에서 떨어뜨려서 바라보면 안 됩니다. 그러면 공자를 진실하게 이해할 수도, 공자의 지혜를 온전히 배울 수도 없습니다. 앞에서 본 「선진」 편의 넷째 장은 표면적으로는 공자가 안회를 비판하는 내용입니다. 하지만 그 속의 의미는 이 제자에 대한 스승의 애교 섞인 찬미에 가깝습니다. 아아, 나의 가르침을 이처럼 순식간에 흡수하는 제자가 있다니! 나는 또 어떻게 수많은 이치를 깨달아 이 제자를 계속 가르쳐야 하나? 우리는 이와 같은 목소리를 읽어 내야 합니다.

「선진」 편의 다섯째 장에서 공자는 또 이런 말을 합니다.

공자께서 말씀하셨다. "효성스럽도다, 민자건이여. 그의 부모와 형제가 그에 관해 하는 말에서 사람들이 흠을 잡지 못하는구나."

子曰 "孝哉閔子騫, 人不間於其父母昆弟之言."

공자의 가르침 중에 '효'는 매우 중요해서 후대에 가짜로 공자의 이름을 빌려 『효경』이 지어지기도 했습니다. 이 책은 한나라 이후 중국 사회의 핵심적인 도덕 교본이 되었지요. 그러나 실제로 『논어』에서 공자가 '효'에 관해 말한 내용은 모두 소박합니다. '효'를 최상의 덕목으로 치켜세우고 아버지에 대한 자식의 무조건적인 순종 위에 사회를 수립하려는 『효경』의 편향성과는 아무런 관련이 없습니다.

공자가 '효'를 중시한 까닭은 나날이 혼란해지던 춘추 시대에 그가 목도한 인간 세상의 숱한 고통이 수백 년간 유지되었던 서주 봉건 질서의 파괴 및 와해와 근본적으로 관련되었기 때문입니다. 봉건 질서는 친족의 인륜을 확장하여 사회적 인간관계의 기준으로 삼습니다. 공자가 생각하기에 세상을 바로잡으려면 마땅히 봉건 질서를 회복해야 했고, 또한 봉건 질서를 회복하려면 무엇보다도 먼저 인륜 관계의 각 주체들이 주어진 역할을 잘 수행해야 했습니다. 예를 들어 자식 된 자는 '효'에, 신하 된 자는 '충'에 힘쓰는 식으로 말이죠. 하지만 우리가 잊어서는 안 될 것이 있습니다. 공자는 결코 자식과 신하에게만 편파적으로 역할을 요구한 적이 없습니다. 동시에 아비 된 자도, 군왕인 자도 각기 아비답고 군왕다워야 한다고 요구했습니다. 어디까지나 관계는 상대적이므로 행위에 대한 요구도 필연적으로 상대적이어야 했습니다.

공자는 제자인 민자건이 참으로 효자라고 칭찬했습니

다. 그는 어떻게 이런 판단을 했을까요? "흠을 잡지 못하는 구나"의 원문인 "不間"(불간)은 틈이 없음을 가리킵니다. 민자건에 관해 그의 부모와 형제가 하는 말에서 사람들은 틈을 찾지 못했지요. 공자는 바로 이런 그의 가족의 말에 근거해 판단한 겁니다. 자, 잠시 생각해 봅시다. 만약 누가 나의 가족에게 내가 어떤 사람이며 어떤 장점과 단점이 있는지, 그리고 평소에 어떻게 생활하고 집 안에서는 어떤 행동 습관이 있는지 묻는다면 나의 가족은 뭐라고 답할까요?

답은 두 가지로 요약됩니다. 하나는 나를 사랑하는 마음으로 결점은 덮고 장점은 과장해서 다른 사람의 마음속에 현실의 나보다 더 훌륭하고 고상한 이미지를 심어 주는 겁니다. 그리고 다른 하나는 완전히 정반대입니다. 매일 나와 함께 지내면서 존경심 같은 것은 전혀 느끼지 못하므로 유독 나의 나쁜 습관이나 성질머리만 부각시킬 수도 있습니다. "시종의 눈에 영웅은 없다"는 서양 속담처럼 말이죠.

민자건의 '효'는 과연 어떤 것이었을까요? 집 안에서 그의 일거수일투족은 그 어느 것도 남에게 이야기하지 못할 것이 없었습니다. 가족이 밖에 나가 덮어 주고 미화할 필요가 없었으며 함께 사는 그들의 눈에 어긋나는 점도 없었습니다. 그러면 왜 이런 것이 '효'일까요? 이는 말이 사실과 맞물려야 한다는 공자의 원칙으로 귀결됩니다. 민자건이 자신의 부모와 형제가 남을 속이는 일 없이 마음 편히 사실 그대로를 말할 수 있게 한 것은 심오한 효도의 실천이었던 것이지요.

인재를 평가하는 법

이어서 「선진」 편의 여섯째 장을 보기 전에 먼저 「공야장」公冶長 편의 한 구절을 짚고 넘어가겠습니다.

「공야장」 편의 첫째 장입니다.

공자께서 공야장을 일러 말씀하셨다. "사위 삼을 만하다. 비록 감옥에 있기는 하지만 그의 죄가 아니다." 그러고서 딸을 그에게 시집보내셨다.

子謂公冶長 "可妻也, 雖在縲絏之中, 非其罪也." 以其子妻之.

공자는 제자인 공야장을 평하여 말하길, "이 사람은 사위로 삼을 만하다. 비록 지금은 감옥에 있지만 그것은 그의 잘못 때문이 아니다"라고 했습니다. 그래서 실제로 자신의 딸을 공야장에게 시집보냈죠.

다른 보충 자료가 없어서 공야장이 어째서 잘못도 없이 감옥에 갇혔는지는 알 길이 없습니다. 다만 공자가 그에게 딸을 시집보낸 것으로 공자가 그를 높이 평가했음을 알 수 있습니다. 관련된 구절을 또 보기로 하지요.

　　공자께서 남용을 일러 말했다. "나라에 도가 있으면 버림받지 않을 것이고 나라에 도가 없어도 형벌은 면할 것이다." 그러고서 형님의 딸을 그에게 시집보내셨다.

　　子謂南容 "邦有道, 不廢. 邦無道, 免於刑戮." 以其兄之子妻之.

　　공자는 또 다른 제자인 남용(남궁괄南宮适)을 칭찬하여 말하길, "나라의 정치가 깨끗하면 그는 자신의 능력을 발휘할 수 있고 나라의 정세가 혼란할 때에도 형벌을 면할 방법을 마련할 것이다"라고 했습니다. 그래서 형의 딸을 남용에게 시집보냈습니다.

　　한편 「선진」 편 여섯째 장에서는 "남용이 백규라는 시를 세 번 반복해 외우니, 공자께서 형님의 딸을 그에게 시집보내셨다"南容三復白圭, 孔子以其兄之子妻之라고 했습니다. 이 구절은 이 일을 다른 각도에서 말한 것으로서 공자가 조카딸을 남용에게 시집보낸 연유를 설명하고 있습니다. 그 연유는 바로 남용이 '백규'라는 시를 세 번 반복해 외운 것이죠. '백규'는 『시경』 대아大雅 「억」抑의 한 구절을 뜻하며 그 구절은 "백규의 흠집은 갈아 없앨 수 있지만, 말의 흠집은 어찌할 수 없네"白圭之玷, 尚可磨也. 斯言之玷, 不可爲也입니다. '규'圭는 옥기玉器의 일종입니다. 백규의 표면에 생긴 흠집은 당연히 갈아 없앨 수 있지요. 그러나 누군가 한 말의 흠집은 어떤 방법으로도 없앨 수 없습니다. 그리고 "세 번 반복했다"는 말은 남용이 『시경』의 그 구절을 반복해 외우며 자신의 좌우명으로 삼았음을 의미합니다.

공자는 이처럼 신중하고 주의 깊은 남용의 처세술을 높이 평가했습니다. 남용은 멋대로 말하는 법이 없고 말실수를 할까 봐 늘 조심하는 인물이었습니다. 그래서 공자는 그를 가리켜 "나라에 도가 있으면 버림받지 않을 것이고 나라에 도가 없어도 형벌은 면할 것이다"라고 평한 겁니다. 이러한 자질은 특히 어지러운 세상에서 진귀하고 쓸모가 있어서 공자는 안심하고 그에게 조카딸을 맡길 수 있었습니다.

시국이 불안한 춘추 시대에는 '사람의 식별'이 갈수록 중요해졌습니다. 그 전까지는 신분이 사람과 사람 사이의 관계를 만드는 주된 근거였습니다. 그러나 이제 더 이상 신분은 미덥지 않게 되었고 인간관계도 안정성을 잃었습니다. 그래서 결혼 같은 일에서도 더 복잡한 선택 가능성이 생겼습니다. 가정과 가족이 화를 당하지 않게 하고 안전하게 지낼 수 있도록 하려면 사람을 식별할 줄 알아야 했습니다. 예를 들자면 어떤 사람의 평소 생각과 행동을 분석해 개성을 파악하는 한편, 그런 개성이 현실에서 어떤 대접을 받고 어떤 운명을 맞을지 예측할 수 있어야 했습니다.

『논어』에서 공자는 '사람의 식별'에 관해 적지 않은 통찰과 지혜를 보여 줍니다. 우선 「옹야」 편의 첫 장에서는 "옹은 남쪽을 바라보고 앉을 만하다"雍也, 可使南面라고 말했습니다. 옹은 제자 염옹冉雍(중궁)을 말하며 "남쪽을 바라보고 앉는다"南面는 말은 군주의 정치를 상징합니다. 따라서 공자는 염옹이 백성을 이끌고 다스릴 만한 능력이 있다고 칭찬한 겁니다. 그는 무슨 근거로 이런 평가를 내렸을까요? 다음 장에 부분적인 설명이 나옵니다.

중궁이 자상백자에 대해 묻자 공자께서 말씀하셨다. "괜찮다. 간소한 사람이다." 중궁이 말했다. "태도가 조심스럽고 행동이 간소하면 역시 백성을 다스릴 만하지 않습니까? 그런데 태도가 간소하고 행동도 간소하면 너무 간소하지 않습

76

니까?" 이에 공자께서 말씀하셨다. "네 말이 옳다."

仲弓問子桑伯子. 子曰 "可也, 簡." 仲弓曰 "居敬而行簡, 以臨
其民, 不亦可乎? 居簡而行簡, 無乃大簡乎?" 子曰 "雍之言然."

이 대화는 매우 흥미롭습니다. 염옹이 자상백자라는 사
람에 대한 의견을 묻자, 공자는 "괜찮은 사람이다. '간소함'
簡이 장점인 사람이다"라고 답합니다. 단순하고 복잡하지 않
으며 가식이 없는 사람이라는 평입니다. 그러나 염옹의 생각
은 조금 달랐습니다. 그는 "태도가 신중하고 조심스러우면서
도 행동이 단순하고 가식이 없다면 당연히 백성을 다스리기
에 적합할 겁니다. 하지만 외적으로 행동이 단순하고 가식이
없으면서 내적으로도 태도가 단순하고 가식이 없다면 너무
거칠지 않을까요?"라고 합니다. 이 말에 공자는 "네 말이 옳
다"라고 찬성을 표시합니다.

이 대화는 '사람의 식별'에 관한 스승과 제자의 토론이
며 제자의 의견이 확실히 스승보다 한 수 위로 보입니다. 염
옹은 공자가 스승이라고 해서 자신의 다른 의견을 숨기지 않
고, 공자도 염옹이 제자라고 해서 굳이 그를 가르치려 하지
않습니다. 공자는 그저 "네 말이 옳다"는 한마디로 찬성과

동의의 뜻을 표합니다.

공자는 '簡'(간)이라는 한 글자로 자상백자에 대한 자신의 생각을 요약하여 밝혔습니다. 이에 염옹은 그 '간'을 더 세밀하게 내적인 차원과 외적인 차원으로 나눠 이야기했습니다. 남을 대할 때 단순하고 가식이 없으면 편안하게 사람을 사귈 수 있고 멋대로 백성에게 해를 끼칠 리 없겠죠. 이는 당연히 장점에 속합니다. 그러나 개인의 삶에서도 단순하고 가식이 없으면 이래도 좋고 저래도 좋다는 식의 데면데면한 사람이 되기 쉽기 때문에 염옹은 "너무 간소하지 않습니까?"라고 물은 겁니다.

주희의 『사서집주』에서는 이 대화를 그 앞의 "옹은 남쪽을 바라보고 앉을 만하다"와 하나로 묶어 놓았습니다. 공자가 염옹을 나라를 다스릴 만한 인재로 인정한 이유가 이 대화에서 나왔다고 생각한 것이죠. 바꿔 말해, 공자는 자상백자에 대한 염옹의 평가 방식을 통해 염옹을 평가했다고 본 겁니다. 염옹은 자신에게는 엄격하고 신중하면서도 백성은 너그럽고 단순한 태도로 다스리는 것이 가장 훌륭한 행동 방식임을 간파했습니다. 이런 이치를 알았으니 그는 당연히 백성을 다스릴 만한 자격이 있는 인물이었을 겁니다.

'사람의 식별'에 관한 이런 중시는 한나라 시대에 이르러 점차 관상술로 바뀌었습니다. 사람에 대한 이해가 행위의 관찰에서 용모의 관찰로, 그리고 사람의 정신 측면에 대한 분석이 운명과 미래에 대한 예측으로 변한 것이죠. 이는 중국 문화사의 일대 전환이었습니다. 이런 풍조는 한나라 말기에서 위진남북조 시대 사이에 또 한 차례 변화를 겪게 됩니다. 유소劉劭의 『인물지』人物志와 유의경劉義慶의 『세설신어』世說新語는 '명사'名士에 관해 새로운 묘사와 관점을 내놓아 또 다른 큰 변화를 낳았습니다.

지나친 슬픔

다음은 「선진」 편의 일곱째 장입니다.

계강자가 물었다. "제자들 중에 누가 배움을 좋아합니까?" 공자께서 대답하셨다. "안회라는 자가 배움을 좋아했는데 불행히도 명이 짧아 죽었고 지금은 없습니다."

季康子問 "弟子孰爲好學?" 孔子對曰 "有顔回者好學, 不幸短命死矣, 今也則亡."

이와 유사한 구절이 「옹야」 편에도 있습니다.

애공이 물었다. "제자 중에 누가 배움을 좋아합니까?" 공자
께서 대답하셨다. "안회라는 자가 배움을 좋아했으며 남에
게 화를 내지 않았고 같은 잘못을 반복하는 일이 없었습니
다. 불행히도 명이 짧아 죽었고 지금은 없습니다. 그 후로
누가 배움을 좋아한다는 소리를 들어 본 적이 없습니다."

哀公問 "弟子孰爲好學?" 孔子對曰 "有顏回者好學, 不遷怒,
不貳過. 不幸短命死矣, 今也則亡. 未聞好學者也."

한 번은 노나라의 군주가, 또 한 번은 실질적으로 노나
라의 국정을 관장하던 권력자가 물었으니, 여기에는 공자에
게 정치를 보좌할 만한 제자를 추천해 달라는 뜻이 담겨 있
었습니다. 그런데 공자는 두 번 다 이미 세상을 떠난 안회를
거론했습니다. 여기에서 노나라 애공과 계강자가 말한 "배움
을 좋아하는 것", 즉 '호학'好學은 공자의 핵심 가치인 '호학'
과 크게 차이가 납니다.

노나라 애공과 계강자가 생각한 '호학'은 열심히 지식과
기능을 잘 익히는 것이었습니다. 그러나 공자가 생각한 '호

학'은 앞에서 이야기한 대로 진심으로 배움을 지향하고 배움 그 자체를 목적으로 삼을 뿐, 배운 것으로 무슨 일을 하거나 다른 무엇과 바꾸려는 의도가 없는 것이었습니다.

노나라 애공과 계강자의 정의를 따른다면 공자의 문하에는 "배움을 좋아하는" 제자가 가득했습니다. 공자 자신도 일찍이 "덕행은 안연, 민자건, 염백우, 중궁이고 언어는 재아, 자공이며 정사는 염유, 계로, 문학은 자유, 자하이다"라고 말한 바 있습니다. 객관적으로 이들은 하나같이 "배움을 좋아하여" 일정한 성취를 이뤘다고 봐야 합니다. 하지만 공자는 그렇게 생각하지 않았습니다. 배움을 향한 진실한 감정과 즐거움의 기준에 부합하는 제자는 그가 보기에 안회밖에 없었습니다. 그래서 두 번이나 딱 잘라 "지금은 없습니다"라고 말한 겁니다.

안회는 정치에 참여해 본 적이 없고 어떤 일도 맡아 해 본 적이 없으며 너무 일찍 죽었기 때문에 학습의 동기가 가장 특수하고 순수했습니다. 다른 제자들은 공자에게 현실에서 활용 가능한 지식을 배우고자 했습니다. 그러나 안회는 별종이었습니다. 그가 중시하고 관심을 가졌던 것은 어떤 일을 도모하기 위한 기능 따위가 아니라 진정한 즐거움을 가져다주는 덕행과 깨달음이었습니다. 그의 배움에는 공명과 이익을 위한 계산속이 전혀 없었습니다.

안회는 공자의 가르침이 가졌던 모순을 가장 잘 보여 주는 인물입니다. 공자의 가르침은 그 시대에 매우 유용해서 무질서한 사회를 다스리는 데 필요한 인재를 키워 낼 수 있었습니다. 그러나 공자는 본래 그런 용도의 가르침에 뜻을 두지 않았습니다. 공자 자신의 관점에서 보면 그의 가르침은 주나라의 예악禮樂을 회복하는 데 유용했습니다. 사람을 사람답게 하고 사람을 근본으로 삼는, 윤리가 바탕인 봉건 시기의 예절과 의례 정신으로 돌아가는 데 필요했던 겁니다. 공자의 가르침은 공명과 이익이나 현실에 따르지 않음을 강조했으며, 유용하게 쓰이려고 만들어진 것도 아닙니다. 이 가르침의 모순은 그의 가르침이 인본주의로 돌아간 '무용한 학문'이면서도 결과적으로 유용해졌다는 데 있습니다.

만약 공자의 제자 중에서 안회를 부각시킨다면, 다시 말해 공자의 가르침의 '무용성'을 부각시키고 그것이 기술이나 기능이 아니었음을 분명히 한다면 자공, 염유, 재아처럼 기술과 기능에 뛰어났던 제자들은 안회만큼 대표성을 갖지 못하게 됩니다.

안회는 공자의 핵심 가치관을 가장 깊고 순수하게 이해하고 드러냈습니다. 이런 제자가 겨우 서른한 살의 나이에

요절했으니 공자로서는 당연히 가슴이 찢어질 듯 아팠습니다. 「선진」편 아홉째 장에서는 안회가 죽자 공자가 "아, 하늘이 나를 버리셨구나! 하늘이 나를 버리셨구나!"^{噫! 天喪予! 天喪予!}라고 외쳤다고 기록하고 있습니다. 이 말 속에는 단지 마음의 고통뿐만 아니라 하늘과 운명을 향한 분노가 가득합니다. '하늘이시여, 내게 왜 이러시는 겁니까? 차라리 내 목숨을 거둬 가십시오!'라는 뜻이 엿보입니다.

그때 공자는 일흔하나의 고령이었습니다. 그런데도 아직 가슴속에 제자를 향한 그토록 뜨거운 정이 있었던 겁니다. 계속 다음 장의 내용을 봅시다.

안연이 죽자 공자께서 애통하게 우셨다. 따르는 자가 말했다. "선생께서는 너무 애통해하십니다!" 공자께서 말씀하셨다. "너무 애통해한다고? 이 사람을 위해 애통해하지 않는다면 누구를 위해 애통해하겠느냐?"

顔淵死, 子哭之慟. 從者曰 "子慟矣!" 曰 "有慟乎? 非夫人之爲慟而誰爲?"

이 구절의 핵심을 이루는 글자는 '慟'(통)으로, '슬픔이

지나침'을 뜻하죠. 불행한 일을 당해 지나친 슬픔과 괴로움을 표현하는 것을 가리킵니다. 또한 '지나침'은 예에서 벗어남을 뜻합니다. 주나라 시대, 예禮의 존재 의미는 사람들이 자연적인 욕망과 충동을 절제하게 하여 동물적 본능을 벗어나 비로소 인간이 되도록 하는 데 있었습니다. 아울러 공자의 교육에서 중심은 바로 '예'였습니다. 그는 복잡하고 번거로운 예의범절이 아니라 철저히 '예'의 정신을 이해하고 내면화하는 것이 중요하다고 거듭 강조했습니다.

고대의 '예'에서 상례와 장례는 대단히 중요한 위치를 차지했습니다. '상'喪과 '장'葬은 모두 사별을 다루었지만 '예'의 원칙에 따르면 각기 중점을 달리 두었습니다. 우선 '상'은 임종 직후의 상황을 다루며 슬픔을 절제하는 데 주목했습니다. 상례에는 매우 복잡한 절차가 있었고 죽은 사람과의 관계가 가까울수록 해야 할 일이 많았습니다. 그러면 상례는 왜 이렇게 고안되었을까요? 가까운 사람이 죽으면 당연히 정상적인 생활을 유지할 수 없습니다. 가까운 사람이 죽었는데 아무렇지도 않게 평소처럼 지낸다면 너무 냉혹하고 무정하지 않을까요? 하지만 정반대로 모든 일을 팽개치고 슬픔에 빠져 지내는 것도 건전하지는 않습니다. 그래서 상례에는 단순하게 반복되는 각양각색의 의식을 배치하여 산 사람이 계속 일을 하게 함으로써 감정을 통제하고 천천히 슬픔에서 벗어나게 만들었습니다.

그리고 장례는 죽은 사람이 정식으로 우리의 삶을 떠남을, 그리고 산 사람은 곧 정상적인 일상생활로 돌아가야 함을 의미했습니다. 이때 필요한 것은 기억을 되살리는 일이었습니다. 산 사람이 잊지 않고 계속 죽은 사람과의 관계를 떠올리도록 하는 것이죠. 달리 말하면 친족 관계 속에서 자신의 위치를 거듭 확인함으로써 가까운 사람이 없어졌다 하여 그 위치를 잊거나 변화시키지 않도록 하는 것입니다.

이런 이치를 공자보다 잘 아는 사람은 없었을 겁니다. 그리고 '예'가 가진 절제의 기능을 공자보다 잘 이해하고 강조한 사람도 없었을 겁니다. 그런데도 안회가 죽었을 때 공자는 애통하게 울었습니다. 이 사실에서 주목할 점은 그가 그저 심하게 운 것이 아니라 예를 어길 정도로 울었다는 겁니다. 앞에 인용된 "따르는 자"從者는 곧 그의 제자들입니다. 공자에게서 '예'를 배운 그들은 스승의 그런 모습을 보고 한편으로는 경악하면서 한편으로는 위로하려 했습니다. 공자에게 "스승님, 너무 괴로워하지 마십시오. 이미 예를 어기셨습니다"라고 타일렀죠. 그러자 공자는 뭐라고 했나요? "내가 너무 지나치게 울었느냐? 이 사람을 위해 이렇게 울지 않는다면 또 누구를 위해 이렇게 울겠느냐?"라고 했습니다.

　　제자들은 공자에게 그가 이미 예에서 벗어날 정도로 울었다고, 자신들에게 해서는 안 된다고 가르친 일을 어겼다고 일깨웠습니다. 그 결과는 어땠습니까? 공자는 감정적인 반응을 보였습니다. 절망과 분노에 휩싸여 "이것이 도에 지나치다는 말이냐?"라고 반문한 뒤, 한술 더 떠 억지를 부립니다. "이 사람을 위해 도에 지나치지 않으면 누구를 위해 도에 지나치겠느냐?"라고 말입니다. 이 말은 합리적이지 않습니다. 지극히 감정적입니다. 훗날 알려진 공자의 이미지와는 전혀 어울리지 않아서 이 말은 후대에 전혀 다르게 해석되곤 했습니다.

　　『좌전』과 『예기』에는 자로의 죽음에 관한 기록이 실려 있습니다. 사자가 왔을 때, 공자는 다급한 나머지 정원 한가운데에서 사자를 맞이하고 비보를 들었습니다. 그러고는 방으로 들어가지도 않고 대성통곡을 했습니다. 옆에서 제자들이 말렸지만 공자는 아랑곳하지 않았습니다. 자로의 피살 소식을 들은 사람이 조문을 하러 오자 연장자의 신분인데도 예를 어기고 그에게 절을 했습니다. 가까스로 마음을 가라앉힌 다음에야 방 안에서 사자에게 이것저것을 물었는데, 자로가 죽어서 젓갈로 담겼다는 말을 듣고 다시는 고기 젓갈에 입을 대지 않았습니다.

한평생 예를 익혔고 젊어서부터 예에 정통한 것으로 유명해졌으며 그다음에는 수십 년간 예를 가르쳤던 공자입니다. 이런 사람이 제자들 앞에서 공공연히 예의를 어긴 사실에서 우리는 그의 진실한 성정과 제자들과의 두터웠던 정을 엿볼 수 있습니다.

공자의 내적 모순

「선진」편 여덟째 장입니다.

안연이 죽자 안로가 공자께 수레로 덧널을 만들어 달라고 청했다. 공자께서 말씀하셨다. "재주가 있든 없든 역시 제각기 자기 자식에 대해 말하는 법이다. 이가 죽었을 때도 널은 있었지만 덧널은 없었다. 나는 걷기를 택하여 수레로 덧널을 만들지는 않았다. 내가 대부 반열의 끄트머리에 있어 걸어서 다닐 수 없었기 때문이다."

顏淵死, 顏路請子之車以爲之椁. 子曰 "才不才, 亦各言其子也. 鯉也死, 有棺而無椁. 吾不徒行以爲之椁. 以吾從大夫之後, 不可徒行也."

안로는 안회의 부친이면서 역시 공자의 제자였습니다.
공자에 비해 안회는 마흔 살이, 안로는 열몇 살이 어렸습니
다. 그리고 덧널을 가리키는 '槨'(곽)은 '椁'(곽)으로, 그 안에
널, 즉 관을 담아 무덤에 함께 넣는 외관外棺을 뜻합니다. 이
대목은 안회의 장례에 관해 이야기하고 있습니다. 안로는 공
자가 타던 수레로 안회의 덧널을 만들어 쓰게 해 달라고 부
탁합니다. 그러나 공자는 이를 거절하면서 "서로 재능의 차
이는 컸지만 네게 아들이 있었듯이 내게도 아들이 있었다.
내 아들 공리가 죽어 안장할 때, 널만 쓰고 덧널은 쓰지 않았
다. 만약 그때 내 수레로 그 아이의 덧널을 만들었다면 나는
걸어 다녀야 했을 것이다. 하지만 나는 대부의 신분에 속하
므로 예를 어기고 밖에서 수레 없이 걸어 다닐 수는 없었다"
라고 말했습니다.

공자의 아들 공리는 공자보다 일찍 죽었고 안회보다는
2년 일찍 죽었습니다. 하지만 그가 공자의 마음속에서 차지
한 비중은 안회에게 훨씬 미치지 못했고 심지어 다른 제자들
보다도 못했습니다. 문헌을 뒤져도 공리가 죽었을 때 공자가
어떻게 반응했는지 기록이 보이지 않습니다. 앞에서도 공자

는 먼저 "재주가 있든 없든"이라고 언급해 재능 면에서는 공리가 안회와 견줄 수 없었다고 말합니다. 그러나 어쨌든 자기 아들도 그렇게 후히 장례를 치러 주지는 못했으므로 안회의 덧널을 만들라고 수레를 내줄 수는 없다고 못 박습니다.

이어서 다음의 장을 읽으면 이 일화의 진정한 의미를 파악할 수 있습니다.

안연이 죽었을 때 제자들이 그의 장례를 후하게 치르려 하자 공자께서는 "안 된다"라고 말씀하셨다. 그런데도 제자들은 후하게 장례를 치렀다. 이에 공자께서 말씀하셨다. "회는 나를 아버지처럼 대했거늘 나는 아들처럼 대할 수가 없구나. 나 때문이 아니라 저 몇몇 제자들 때문이다."

顏淵死, 門人欲厚葬之, 子曰 "不可." 門人厚葬之. 子曰 "回也視予猶父也, 予不得視猶子也. 非我也, 夫二三子也."

안회가 죽은 뒤, 안회의 아버지 안로를 비롯한 공자의 제자들은 그를 후하게 장례 지내려 했습니다. "장례를 후하게 치른다"는 말은 화려한 겉치장뿐 아니라 신분에 맞는 예에서 벗어나는 것이었습니다. 공자는 바로 그것을 반대한 겁니다. 그러나 제자들은 그의 말을 듣지 않았습니다. 마음이 상한 공자는 "안회는 나를 아버지처럼 대했지만 나는 그를 아들처럼 대할 수 없구나. 이 일은 내가 아니라 너희 몇 명이 결정하였다!"라고 말했습니다.

『묵자』에서 묵가가 가장 혹독하게 비판한 유가의 문제점이 '후한 장례'입니다. 그러나 앞의 기록에서 우리는 공자가 결코 '후한 장례'를 주장하지 않았음을 알 수 있습니다. 공자는 신분의 차이에 따라 적절히 장례를 치러야 한다고 생각했습니다. 안회나 자로처럼 자기가 가장 사랑하고 아낀 제자에 대해서도 공자는 감정적으로 흥분해 예를 어겼을지언정 그들의 신분을 넘어서는 장례에는 동의하지 않았습니다.

그런 장례는 장례의 규범에 위배될 뿐만 아니라 장례의 정신과도 맞지 않았습니다. 앞에서 말한 대로 장례와 제례의 핵심은 기억에 있습니다. 죽은 사람이 생전에 다른 사람과 가졌던 관계를 생생히 기록하고 그 관계망 속에서 그가 차지했던 위치를 중심으로 그가 살았던 일들을 추억하는 것입니다. 따라서 분에 넘치는 장례는 죽은 사람이 그 관계망 속에서 가졌던 진실한 위치를 잃게 하는 것이며, 그의 삶의 진정한 의미를 훼손시키는 것이었습니다. 만약 대부가 아닌데도 대부의 예로 매장한다면 죽은 사람을 틀린 위치로 옮기는 것이니, 이런 장례는 관계의 기억을 남기는 기능을 발휘할 수 없습니다.

안로와 나눈 이 대화에서 공자가 한 말의 핵심은 결코 수레가 아닙니다. 신분 때문에 걸어서 다닐 수는 없으며 수레가 없으면 신분이 실추된다고 한 것은 틀림없이 핑계입니다. 첫 번째 핵심은 신분입니다. 공자는 안로에게 사람마다 자기 신분에 맞는 일이 있음을 에둘러 일깨워 주었습니다. 두 번째 핵심은 공리를 언급한 겁니다. 누구나 자기 아들을 사랑하지만 자신은 예에 어긋나는 방식으로 후하게 아들의 장례를 치르지 않았으며, 나아가 자기는 아들보다 안회를 더 사랑했지만 역시 예에 어긋나는 방식으로 후하게 안회를 장례하는 것에는 반대한다고 시사했습니다.

하지만 공자는 어쨌든 안회의 아버지가 아니라 스승이었을 뿐이며 봉건 사회의 신분제에서 스승이라는 신분은 존재하지 않았습니다. 안회의 장례를 결정하는 사람은 역시 아버지 안로였고 공자가 예를 어겨 가면서까지 안회의 장례를 주도할 수는 없었습니다. 공자는 안회의 장례가 그렇게 예에 맞지 않는 후장으로 치러지게 된 것에 마음 아파했으며 그 일과 명확히 선을 긋는 것으로 아픈 심정을 표현했습니다.

여기에서 우리는 다시 공자의 깊은 내적 모순을 보게 됩니다. 그는 봉건 질서 안에 존재하지 않는 신분을 갖고서 자신의 사회가 봉건 질서로 돌아가야 한다고 주장했고 신분제에 따라 인간관계를 안배했습니다. 그가 추구한 목표는 역설적이게도 그 자신의 역할과 반대되는 것이었습니다.

다면적인 인간

전통적으로 『논어』를 숭배해 온 탓에 이 책의 내용을 공자가 심사숙고하여 표현한 보편 진리로 받아들이는 경향이 있습니다. 하지만 텍스트를 꼼꼼히 따져 보면 사실 그렇지 않습니다. 이 책은 긴 시간에 걸쳐 공자의 주변 사람들이 한 자 한 줄 빠르게 기록한 게 분명합니다. 공자가 그들에게 기록하도록 한 다음 말하거나 행동하고 제자들이 그때그때 기록한 것이 아닙니다. '후대의 법도'나 '천하의 법도'로 삼기 위해서도 아니었습니다. 따라서 그 말들을 완벽하게 정리된 진리로 받아들여 줄줄이 외우고 실행하기보다는 그 말들의 진면모를 복원함으로써 단편적이지만 진실하고, 또 단편적이어서 오히려 진실한 이 기록에서 2천 년 전에 살았던 한 훌륭한 인물을 관찰하는 편이 낫습니다. 그리고 어떤 삶이 훌륭한 삶인가에 대한 그의 의견은 우리 스스로 생각하기 힘든 것이어서 여전히 우리의 사상과 감성에 자극을 줍니다.

이런 방식으로 『논어』를 읽는 것은 전통적인 독법보다 힘들지만 재미있습니다. 힘든 이유는 독서 과정에서 공자를 한 인간으로서 복원하고 이해해야 하기 때문입니다. 단지 수동적으로 그의 말을 받아들이기만 해서는 안 됩니다. 관련 자료를 모아 공자의 말과 행동을 최대한 역사의 맥락 속에 돌려놓는 한편, 심리적, 감성적, 논리적 지식을 다 동원해 공자를 해석해야 합니다. 그럼으로써 우리는 이런저런 가르침을 주는 추상적 이론 따위가 아니라 마음속 깊은 곳에서 고뇌와 인격과 시련을 통해 만들어진 다층적이고 변화무쌍한 이야기를 얻을 수 있습니다.

자로와 자공, 이 두 제자에 관한 『논어』의 자료만 정리해 봐도 매우 흥미롭습니다. 상대적으로 안회에 대한 공자의 견해와 감정은 일관됩니다. 그런데 자로는 늘 공자에게 반기를 들었고 공자도 늘 그의 거친 성미를 참지 못했습니다. 또한 자공은 총명하고 달변이었지만 공자는 가끔씩 그의 총명과 달변을 교활하다고 느꼈습니다. 공자가 자로를 앞에 두고 하는 말은 그가 의식적으로 다른 제자에게 자로에 관해 하는 말이나 혹은 무의식적으로 다른 제자가 듣는 줄도 모르고 자로를 욕하는 말과 달랐습니다. 물론 외부인 앞에서 자로에 관해 언급하는 말과도 달랐습니다. 이런 사정은 자공에 대해서도 마찬가지였습니다.

우리는 이런 차이들을 적절히 해명하여 모두를 납득시킬 방법을 찾아야 합니다. 혹시 애초에 진정한 차이는 없었던 게 아닐까요, 아니면 이런 내용에서 공자의 표리부동하고 일구이언을 일삼는 부정적 이미지를 뽑아내야 하는 걸까요? 전자는 1천~2천 년간 고수되어 온 전통적인 관점입니다. 후자는 현대의 반전통적인 관점으로서 중국의 문화대혁명 시기에 일어난 '비림비공'批林批孔 운동*에서 가장 극단적으로 표출되었지요. 저는 차라리 이 두 관점의 중간을 택하겠습니다. 인성과 인정에 더 다가간 자세로, 이런 자료들 속에서 자로와 자공이 진실하고 다면적인 인물이었음을 보고자 합니다. 물론 공자 또한 진실하고 다면적인 인물이었습니다. 진실한 인간은 다면적일 수밖에 없으며 오직 다면적 자료만이 우리 앞에 진실한 인간을 복원시켜 줄 수 있습니다. 그러므로 우리는 『논어』의 형식과 그 안에 기록된 내용을 소중히 여겨야 합니다.

이번에는 「선진」 편 열다섯째 장을 보겠습니다.

공자께서 말씀하셨다. "유가 어찌 내 집에서 거문고를 타느

---

* 린뱌오(林彪)와 공자의 사상을 공격했던 운동. 공자의 극기복례(克己復禮)를 노예 제도를 복원하려는 사상이라고 비판했다.

냐?" 이에 제자들이 자로를 공경하지 않았다. 공자께서 말씀하셨다. "유는 대청에는 올라갔고 아직 방에는 들어가지 못한 것이다."

子曰 "由之瑟奚爲於丘之門?" 門人不敬子路. 子曰 "由也升堂矣, 未入於室也."

공자가 자로의 거문고를 타는 소리를 듣고 언짢아서 무심코 "내 문하에 어찌 이런 곡을 연주하는 자가 있는가?"라고 비판했습니다. 마치 성악을 가르치는 선생이 자기 제자가 유행가를 부르는 것을 듣고 "내가 가르친 재주를 이런 데에 쓰다니!"라고 화를 내는 것처럼 말이지요. 그때 옆에 있던 제자들은 스승이 그렇게 자로를 이야기하는 것을 듣고 서로 말을 전했습니다. "스승님께서 대사형이 제자가 될 자격이 없다고 욕을 하셨다!" 그래서 그들은 자로를 존중하지 않게 되었습니다. 공자는 이 일을 알고서 특별히 자로의 편을 드는 동시에 태도가 돌변한 그 제자들을 꾸짖었습니다. "자로는 이미 대청에 들어선 사람과 같다. 다만 아직 방에 들어가지 못했을 뿐이다." 이 말은 자로가 이미 훌륭한 사람이어서 상대적으로 높은 기준에 따라 평가했다는 뜻입니다. 동시에 아직 대청에 들어설 자격도 없는 자들이, 심지어 대문의 섬돌에도 닿지 못했거나 아예 마당 근처를 서성이는 자들이 뭘 믿고 자로를 무시하느냐는 뜻도 담겨 있습니다.

이어서 「선진」 편 스물넷째 장을 봅시다.

계자연이 물었다. "중유와 염구는 큰 신하라 할 만합니까?" 공자께서 말씀하셨다. "나는 그대가 특별한 질문을 하는가 했더니만 고작 유와 구에 대해 묻는군요. 이른바 큰 신하란 도로써 군주를 섬기고 안 되면 그만둡니다. 지금 유와 구는 자리나 채우는 신하입니다." 계자연이 말했다. "그러면 따르기만 하는 자란 말입니까?" 공자께서 말씀하셨다. "아버지와 군주를 시해하는 일은 역시 따르지 않을 겁니다."

季子然問 "仲由, 冉求可謂大臣與?" 子曰 "吾以子爲異之問, 曾由與求之問. 所謂大臣者, 以道事君, 不可則止. 今由與求也, 可謂具臣矣." 曰 "然則從之者與?" 子曰 "弑父與君, 亦不從也."

노나라의 국정을 장악한 계씨가 공자에게 "당신의 두 제자인 중유와 염구는 '큰 신하'大臣라고 할 수 있습니까?"라고 물었습니다. 중유는 자로이며 그는 이때 염유(염구)와 함께 계씨 가문을 위해 일하고 있었습니다. 계씨의 이 질문에 공자는 조금 신경질적으로 반응합니다(『논어』에서는 공자의 답변을 '자왈'子曰로 기록했는데 이는 '대왈'對曰보다 덜 예의 바른 표현입니다). 그는 "나는 당신이 다른 중요한 일을 물어볼 줄 알았는데 고작 중유와 염구에 대해 물어보는 겁니까! 이른바 '큰 신하'란 원칙을 지키며 군주를 대하는 신하를 가리킵니다. 만약 군주의 행동이 자신의 원칙에 어긋나면 즉시 자리를 내던지지요. 중유와 염구는 감히 '큰 신하'라 칭할 수 없습니다. 그들은 그저 '자리나 채우는 신하'具臣로서 가진 재주로 윗사람에게 봉사할 따름입니다"라고 말했습니다.

'큰 신하'는 "안 되면 그만둔다"는 공자의 말을 들은 까닭에 계씨는 또 "그러면 자로와 염유는 '큰 신하'가 아니므로 마땅히 윗사람의 명령에 잘 따르겠군요?"라고 물었습니다. 이에 공자는 더 기분이 나빠져서 "그들은 '큰 신하'처럼 원칙에 철저하지는 않아도 아버지와 군주를 시해하라는 명령에는 결코 따르지 않을 겁니다"라고 답했습니다.

공자 자신이 "도로써 군주를 섬기고 안 되면 그만두는" '큰 신하'였지만 바로 그런 까닭에 계씨는 공자를 등용할 생각이 없었고 또 감히 등용할 엄두도 내지 못했습니다. 그가 원하는 사람은 능력은 있지만 그다지 원칙은 없는, 고분고분한 신하였습니다. 공자는 계씨의 이런 속마음을 잘 알고 있었으며 『논어』에는 자로와 염유가 계씨의 가신으로서 원칙이 부족한 점에 대한 공자의 불만스러운 반응이 여러 곳에 기록되어 있습니다. 하지만 어쨌든 공자의 제자였기에 자로와 염유의 순종과 타협에는 한계가 있었습니다. 그래서 공자는 계씨에게 자로와 염유가 계씨의 말을 따라 정치를 위해 아버지나 군주를 시해하는 일을 할 거라고는 바라지 말라고 거침없이 말했던 겁니다.

어떻게 '인자'가 될 것인가

"사람을 알면 그의 책이 읽힌다"知其人, 讀其書라거나 거꾸로 "책을 읽으면 그 사람을 알게 된다"讀其書, 知其人라는 말이 있습니다. 이 말은 책 내용 뒤에 존재하는 사람을 감지한다는 의미입니다. 이런 태도는 『논어』를 읽을 때 대단히 중요합니다. 일찍이 공자가 신성화된 후로 『논어』의 기록까지 극도로 보편화됨으로써 공자의 언행은 온 세상에 통용되는 이치가 되었습니다. 하지만 그럼으로써 본래 시대 배경과 현실 정황 그리고 개인 성격의 영향을 받아 형성된 내용이 환경의 맥락에서 떨어져 나와 피상적으로 해석되고 말았습니다.

　많은 사람이 학생 시절에 『논어』를 접한 적이 있지만 그때 받은 인상은 대부분 그리 좋지 않습니다. 보통 강제 주입식으로 『논어』의 내용을 의심의 여지 없는 진리로 받아들여야 했기 때문입니다. 본문의 구절을 한 글자도 빠짐없이 외우고 교과서의 주석에 따라 공자의 말과 행동을 이해해야 했지요. 오늘날에도 우리는 아무 이유도 필요도 없이 이런 고통에 시달리고 있습니다.

　『논어』에서 공자의 말과 의견은 상황과 대상에 따라 이야기된 겁니다. 절대로 무슨 시험 같은 것을 위해 구상된 것이 아닙니다. 따라서 이치대로라면 『논어』의 내용은 시험용으로 맞지 않습니다. 예를 들어 『논어』의 텍스트로 돌아왔을 때, 우리는 시험 문제의 방식으로는 묻고 답할 길이 없습니다. 만약 '인仁이란 무엇인가?'라는 질문이 던져졌다고 해 봅시다. '인'은 공자의 사상이면서 이후 유가 전통에서 핵심이 되는 개념입니다. 하지만 공자는 '인'에 대해 달달 외울 수 있을 정도로 분명한 정의를 내린 적이 없습니다. 달리 말하면 정의라는 방식으로 '인'을 설명한 적이 없었던 겁니다.

　'인'은 본래 사람과 사람이 서로 대하는 것을 뜻합니다. 그러다가 춘추 시대에 이 글자는 어느새 추상화되어 '사람과 사람이 서로 대하는 원칙'이나 '다른 사람을 대하는 올바른 소양'을 가리키게 되었습니다. 『논어』에서 공자는 여러 차례 '인자'仁者에 관해 언급하고 거의 매번 최고의 호평을 합니다. 이를 통해 그의 가치 체계 안에서 '인'이 가장 높은 위치에 있었음을 알 수 있습니다. 그런데 '인'은 대체 뭘까요? 후대의 유가 경전에서는 추상적인 말로 '인'을 묘사하고 찬미합니다. 그러나 『논어』에서 공자는 그런 식으로 '인'을 말하지 않습니다. 그는 '인'을 상황에 따라, 또 상대가 누구냐에 따라 다르게 이야기합니다.

　　『논어』에서는 오직 '성자'聖者만이 '인자'만큼 고귀하고 심지어 '인자'보다 더 고귀합니다. 그런데 '성자'는 상대적으로 파악하기가 쉽습니다. 역사에서 큰 공을 세운 몇몇 제왕을 가리키니까요. 그들은 초인적인 능력 외에도 백성을 편안하게 하고 재난을 해결하며 문명을 창조할 수 있는 권력과 지위를 소유했습니다. 보통 사람이 노력과 수양만으로는 '성자'가 될 방법이 없는 것이죠. 반면에 '인'과 '인자'는 누구나 추구할 수 있는 경지이자 목표이고 대단히 가치가 높습니다. 제자들이 궁금해하며 거듭 물은 것도 당연합니다. "대체 '인'이란 무엇입니까?", "어떻게 해야 '인자'가 될 수 있습니까?"라고 말입니다.

『논어』에서 「안연」 편을 보면 첫 세 장에서 연달아 '인'에 관해 논하고 있습니다. 첫째 장부터 살펴보겠습니다.

　안연이 인에 대해 물었다. 공자께서 말씀하셨다. "나를 이기고 예로 돌아가는 것이 인이다. 하루라도 나를 이기고 예로 돌아가면 천하가 인으로 돌아간다. 인의 실천이 나에게서 비롯되지, 다른 사람에게서 비롯되겠는가?" 안연이 말했다. "청컨대 그 조목을 말씀해 주십시오." 공자께서 말씀하셨다. "예가 아니면 보지 말고, 예가 아니면 듣지 말고, 예가 아니면 말하지 말고, 예가 아니면 행하지 마라." 안연이 말했다. "제가 불민하긴 하지만 이 말씀을 지키겠습니다."

　顔淵問仁. 子曰 "克己復禮爲仁. 一日克己復禮, 天下歸仁焉. 爲仁由己, 而由人乎哉?" 顔淵曰 "請問其目." 子曰 "非禮勿視, 非禮勿聽, 非禮勿言, 非禮勿動." 顔淵曰 "回雖不敏, 請事斯語矣."

　공자는 안회에게 "'극기복례'克己復禮, 즉 자신의 욕망과 충동을 절제하고 예로 돌아가는 것이 바로 '인'이다. 너 한 사람이 단 하루 동안 극기복례를 실천하더라도 너의 노력과 성취로 인해 세상은 이상적인 '인'의 상태로 한 발자국 더 나아갈 것이다. '인'의 실천은 자신의 힘으로 해야지 남의 힘에 의지할 필요가 없다"라고 답했습니다.

오늘날의 언어와 개념으로 이해해 본다면, 공자는 사람들이 스스로 옳지 않다고 생각하는 일을 절제할 수 있는지 날마다 자기 검증을 해야 한다고 주장했습니다. 만약 그들이 자기가 믿는 기준에 따라 자신을 절제하고, 회피하거나 핑계를 대지만 않는다면 온 세상은 조금씩 더 훌륭하고 이상적인 상태로 변한다는 것이었습니다. 또한 누구나 이를 실천할 수 있으며 외적인 조건의 도움 따위는 필요치 않다고 생각했습니다.

이어서 안회는 다시 묻습니다. "그러면 '극기복례'를 하려면 어떠한 구체적인 조목들을 준수해야 합니까?" 공자는 그에게 예가 아닌 것에 대한 네 가지 대응 방식을 알려 줍니다. 앞의 두 가지인 "예가 아니면 보지 말 것"과 "예가 아니면 듣지 말 것"은 감각의 절제를 뜻하며 우리에게 원칙을 갖고 외부의 각종 정보와 자극을 선별하라고 일러 줍니다. 오늘날의 말로 표현하면 우리의 감각을 훈련시켜 일정한 취향을 갖게 해야 한다는 뜻입니다. 우리가 접하는 모든 정보와 자극이 다 받아들여야 하거나 받아들이기에 적합한 것은 아니니까요. 그래서 인간의 교육과 훈련에 꼭 포함해야 하는 한 가지는 좋은 습관을 기르는 겁니다. 그럼으로써 스스로 정보와 자극을 점검하고 구별해 '저급한 취미'에 속하는 것들을 보지도 듣지도 않을 수 있습니다.

공자는 안회에게 특정한 일들을 못 본 척, 못 들은 척하라고 한 것이 아닙니다. 여기에서 강조한 것은 선택을 통한 절제입니다. 한 인간으로서 우리는 끊임없이 자신의 취향을 높임으로써 낮은 차원의 동물적 유혹과 자극을 멀리할 줄 알아야 합니다. 그러고 나서야 우리는 비로소 더 높은 차원의 정보를 받아들이고 즐길 수 있습니다.

뒤의 두 가지인 "예가 아니면 말하지 말 것"과 "예가 아니면 행하지 말 것"은 앞의 두 가지와 글의 형식은 같지만 강조하는 방향은 전혀 다릅니다. 앞의 두 가지는 우리가 어떻게 외부 세계와 접촉하고 외부 세계를 받아들여야 하는지 규정하지만, 뒤의 두 가지는 어떻게 자신을 외부 세계 속에 자리매김해야 하는지 규정합니다. 우리는 마음속에 명확한 원칙을 갖고서 어떤 말을 해서는 안 되고 또 어떤 일을 해서는 안 되는지 알아야 합니다. 다시 말해 이 세상 안에서, 특히나 인간관계로 구성된 세상 안에서 우리는 자신에 대한 훈련과 자기중심적 습관에 대한 절제를 잘 수행해야 합니다.

언제 우리는 하지 말아야 할 말을 하고 하지 말아야 할 일을 할까요? 가장 흔한 상황은 그런 말과 그런 일을 하면 다른 사람에게 어떤 해를 끼치는지 의식하지 못할 때입니다. 달리 말하면 다른 사람이 안중에 없어 그들이 어떻게 느끼고 반응할지 세심하게 생각하지 못할 때이죠. 자기만 알고 자기만 신경 쓰는 것, 그것이 바로 무절제한, "예가 아닌 것"非禮입니다. 이런 말과 이런 일은 해서는 안 됩니다.

안회는 공자의 이런 가르침을 잘 이해하고 이렇게 약속했습니다. "제가 그리 똑똑하지는 않지만 스승님의 이 말씀을 따르도록 노력하겠습니다."

이미 갖춰진 답은 없다

다음 장을 보기로 하지요.

중궁이 인에 대해 물었다. 공자께서 말씀하셨다. "문을 나서면 큰손님을 대하는 것처럼 하고 사람을 부릴 때는 큰 제사를 받드는 것처럼 하며, 자기가 원치 않는 것을 남에게 베풀지 마라. 그리고 나라에 있어도 원망이 없고 집 안에 있어도 원망이 없는 것이다." 중궁이 말했다. "제가 불민하긴 하지만 이 말씀을 지키겠습니다."

仲弓問仁. 子曰 "出門如見大賓, 使民如承大祭, 己所不欲, 勿施於人. 在邦無怨, 在家無怨." 仲弓曰 "雍雖不敏, 請事斯語矣."

이번 장의 시작과 끝은 앞 장과 완전히 똑같습니다. 단지 안회를 염옹(중궁)으로 바꾸기만 하면 됩니다. 염옹도 인에 대해 물었으며 스승의 대답을 듣고 나서 역시 공손하게 "제가 그리 똑똑하지는 않지만 스승님의 이 말씀을 따르도록 노력하겠습니다"라고 말했습니다.

시작과 끝 그리고 주제까지 같기 때문에 앞 장과 이번 장의 공자의 대답에서 보이는 차이가 더 도드라져 보입니다.

이번 장의 대답에서 공자는 우선 첫 번째 항목으로 '경'敬의 태도에 주목합니다. "큰손님", "큰 제사"는 모두 절대로 경솔한 태도를 보여서는 안 되는, 중요하면서도 엄숙한 경우를 가리킵니다. 공자는 염옹에게 밖에서는(공적인 사무를 처리할 때는) 자신에게 가장 중요하고 혹시 자신의 인생을 바꿀 수도 있는 사람을 대하듯이 공손한 태도를 취해야 한다고 가르칩니다. 여기에서 "큰손님"은 사람을 가리키지만 "큰 제사"는 상황을 가리킵니다. 백성을 이끌고 부릴 때는(권력을 행사할 때는) 마치 종묘에서 제례를 주재하듯 신중해야 한다는 것이지요.

공손함과 신중의 근본 혹은 작용은 마음을 조용히 가라앉혀 진지하게 다른 사람의 심정과 요구를 이해하고 사유하는 데 있습니다. 우리는 자신의 마음으로 미루어 남을 헤아려, 자기가 원치 않는 일은 남에게 행하지 말아야 합니다. 이것이 앞의 항목과 연결된 두 번째 항목입니다.

세 번째 항목은 억지로 어떤 지위와 신분을 추구하지 않는 겁니다. 이것은 "남이 알아주지 않아도 노하지 않으면 역시 군자가 아니겠는가"人不知而不慍, 不亦君子乎와 똑같은 의미입니다. 공자는 염옹에게 "권력과 지위를 얻어 군주를 섬겨도 만족하여 원망의 말이 없고, 인정을 받지 못해 집 안에 있어도 만족하여 원망의 말이 없는 것이다"라고 말했습니다.

이 세 가지 항목은 모두 정치를 할 마음이 있는 사람을 겨냥한 것입니다. 왜냐하면 공자는 염옹이 정치가의 인격과 조건을 갖췄다고 생각했고 염옹 자신도 정치에 관심이 많았기 때문입니다. 그래서 공자의 대답은 정치적으로 '인'을 실천하는 데 초점이 맞춰져 있습니다. 앞 장의 대답에서 안회에게 자신을 수양할 때 어떻게 '인'에 다가설지 가르친 것과 크게 다릅니다. 안회에게 공자는 내적인 방법만을 강조했습니다. 심지어 "인의 실천이 나에게서 비롯되지, 다른 사람에게서 비롯되겠는가?"라고 말했지요. 이와는 대조적으로 염옹에게는 외적인 방법만을 이야기했습니다.

공자가 안회에게 준 답과 염옹에게 준 답 사이에는 어떤 관련이 있을까요? 이 두 가지 답을 '인'의 서로 다른 두 가지 가치 지향으로 본다면 '인'을 더 완전하게 이해하고 상상할 수 있지 않을까요? 『논어』는 이미 갖춰진 간단한 답을 결코 내주지 않습니다. 우리 스스로 답을 사유하고 이끌어 내게 하지요. 이 점도 『논어』를 읽는 큰 즐거움 중 하나인데, 어쩌면 도전적인 즐거움이라고 말할 수도 있겠습니다.

공자의 유머 감각

그다음 장에서도 공자는 제자의 '인'에 대한 물음에 또 다른 태도와 방법으로 답합니다.

사마우가 인에 대해 물었다. 공자께서 말씀하셨다. "인자는 말이 어눌하다." 사마우가 또 물었다. "말이 어눌하면 인이라고 할 수 있습니까?" 공자께서 말씀하셨다. "그것은 어려운 일이니, 말을 어눌하게 하지 않을 수 있겠느냐?"

司馬牛問仁. 子曰 "仁者, 其言也訒." 曰 "其言也訒, 斯謂之仁已乎?" 子曰 "爲之難, 言之得無訒乎?"

사마우도 인에 대해 묻자 공자는 농담 같은 대답을 했습니다. 본문의 "어눌하다"에 해당하는 한자 '訒'(인)은 말이 답답하고 날카롭지 못한 것을 뜻합니다. 말이 그러면 남에게 상처를 입힐 리가 없지요. 따라서 공자의 대답을 자세히 표현하면 "인자는 말이 어눌해서 말로 남에게 상처를 주지 않는다"입니다.

이에 사마우가 즉시 "말이 어눌하면 인이라고 할 수 있습니까?"라고 캐묻습니다. 공자는 이 기회를 놓치지 않고 따끔하게 "막상 하려고 하면 어려운 일이다. 지금 너는 급히 서둘러 말하지 않을 방도가 있느냐?"라고 쏘아붙입니다. 『사기』「중니제자열전」仲尼弟子列傳에서는 "사마경司馬耕은 자가 자우子牛다. 말이 많고 성격이 급했다."司馬耕, 字子牛. 牛多言而躁라고 했습니다. 확실히 사마우의 가장 큰 단점은 성격이 급하고 말하기를 좋아하는 것이었습니다. 스승이 말을 꺼내자마자 득달같이 반문을 하고 나섰습니다. 공자는 이를 기회로 삼아 그에게 "'말이 어눌한 것'을 우습게 보지 마라. 방금 내가 그것을 언급하자마자 너는 끼어들어 말을 늘어놓았다. 이것만으로도 너는 '말이 어눌한 것'이 얼마나 어려운지 알아야 한다!"라고 말한 겁니다.

정말 신선하고 재미있는 사제 간의 대화이지요. 다음 장을 함께 읽으면 더욱더 흥미롭습니다. 역시 공자와 사마우의 대화입니다.

사마우가 군자에 대해 물었다. 공자께서 말씀하셨다. "군자는 걱정하지도 두려워하지도 않는다." 이에 사마우가 또 물었다. "걱정하지도 두려워하지도 않으면 군자라고 할 수 있습니까?" 공자께서 말씀하셨다. "마음속으로 반성하여 거리낌이 없다면 무엇을 걱정하고 근심하겠느냐?"

司馬牛問君子. 子曰 "君子不憂不懼." 曰 "不憂不懼, 斯謂之君子已乎?" 子曰 "內省不疚, 夫何憂何懼?"

이번에도 사마우는 스승이 짧게 답하자마자 다급하게 반문을 합니다. "그렇게 하면 '군자'인 겁니까?"라고 말입니다. 앞 장과 나란히 읽으면 웃음이 절로 나옵니다. 공자가 이런 식으로 그를 가르칠 만하지요. 사마우는 정말 입빠르고 예의가 없는 인물이었습니다. 스승이 내준 답을 먼저 분석하고 곱씹어 볼 생각은 하지 않고 무턱대고 질문부터 해 대니까요.

그리고 스승의 답에 대한 그의 두 차례 질문은 너무 간단하고 천박했습니다. 그는 스승에게 더 복잡하고 심오하며 학문적인 답을 기대했던 게 분명합니다. 사마우의 이런 단점을 잘 알았기에 공자는 그렇게 그를 꾸짖었던 겁니다. 공자는 첫 번째로 그를 꾸짖을 때 '인'의 핵심은 행동의 실천에 있으며 인을 실천에 옮길 때는 매번 시련에 부딪친다고 지적했습니다. 진정으로 인을 실천에 옮기고자 하는 사람은 자연히 말과 행동의 차이를 인식하고, 또 자연히 호언장담을 삼가고 말조심을 하게 되므로 '말이 어눌해지는 것'입니다. 단지 그런 진실한 수양과 경험이 부족한 사람만이 늘 말만 밝히고 듣기 좋은 소리를 하는 데나 어울리는 이치를 배우고 싶어 하는 것입니다.

두 번째로 공자는 '군자'의 자격 조건이 안에 있지 밖에 있지 않다고 사마우를 꾸짖습니다. 가장 중요한 것은 자기 자신과 원칙에 충실하여 안정된 도덕의 상태에 한적하게 머무는 것이지, 어떤 고결한 목표에 집착하는 것이 아니라고 말합니다. 군자가 "걱정하지도 두려워하지도 않는" 까닭은 부지런히 자기를 성찰하고 엄격하게 자신의 언행을 점검하며 이러한 앎을 바탕으로 내적인 행복과 평정을 유지하기 때문입니다.

대화의 상황을 복원함으로써 우리는 공자의 이 대답이 '인'에 대한 설명이라기보다는 사마우의 개성과 결점을 겨냥한 교육 전략임을 알게 됩니다. "말이 어눌한 것"은 '인'의 수양에서 사실 그렇게 중요하지 않습니다. 그저 인의 실천에 뒤따르는 외적 표현이며 기껏해야 '인자'가 갖고 있는 특징 중 하나일 뿐이어서 그 위치와 중요성이 안회나 염옹에게 준 답과 비교가 되지 않습니다. 또한 이 때문에 우리는 이 세 번째 답을 다르게 읽어야 합니다. "말이 어눌한 것"이라는 말에 대해 지나치게 고민할 필요는 없으며 단지 공자의 스승으로서의 임기응변과 그 안에 담긴 유머 감각을 이해하기만 하면 됩니다.

（4）

본래의 공자로 돌아가기

공자는 유심론자였나

『논어』는 '내적 검증' 자료가 풍부한 책입니다. 각 항목의 내용이 서로 호응을 하고 보완 설명을 해 주곤 합니다. 『논어』를 읽을 때는 반드시 공자의 제자들이 지닌 다양한 개성에 주목해야 합니다. 사마우의 개성을 이해하면 공자가 그에게 한 말의 의미를 더 정확히 파악할 수 있습니다. 거꾸로 사마우에 관한 모든 내용을 정리하고 대조하면 공자와 그의 대화 속에서 그가 어떤 인물인지 더 정확하게 판단할 수 있습니다.

단순히『논어』구절들의 상호 검증을 통해 본다면 공자는 감정이 풍부하고 공감 능력이 뛰어난 사람이었습니다. 그는 "자기가 원치 않는 것을 남에게 베풀지 말 것"己所不欲, 勿施於人과 '자신의 마음으로 미루어 남을 헤아릴 것'推己及人만 강조한 사람이 아니었습니다. 나아가 더 중요한 점은 그가 제자들과의 상호 관계를 통해 그들의 정신과 신체의 상태를 파악한 뒤에야 그것을 바탕으로 입을 열었다는 사실입니다. 그는 때로는 매서웠고, 때로는 유머러스했고, 때로는 칭찬했고, 때로는 꾸짖었습니다. 그는 다양한 태도로 제자들에게 깊고 큰 영향을 미치려 했습니다. 그의 이런 교육의 바탕은 바로 제자들에 대한 공감과 이해였습니다.

다음은 「술이」述而 편의 열넷째 장입니다.

공자께서 제나라에서 소 음악을 듣고 석 달 동안 고기 맛을 잊고서 말씀하셨다. "음악이 이 정도 경지에 이르리라고는 생각지 못했다."

子在齊聞韶, 三月不知肉味, 曰 不圖爲樂之至於斯也.

공자는 제나라에서 정통 소韶 음악* 연주를 들었습니다.

---

* 순임금의 생애를 표현한 악곡.

114

그 음악은 노나라에서는 들어 본 적이 없었고 대단히 매력적이었습니다. 그 후 공자는 수시로 소 음악의 아름다운 선율이 떠올라 무려 석 달이나 고기를 먹고 싶은 욕구를 느끼지 못했습니다. 그는 "음악이 이 정도로 사람을 감동시킬 줄은 정말 몰랐다!"라고 감탄했습니다.

그 시대에 보통 사람은 고기를 먹기가 힘들었습니다. 대부 이상의 귀족이나 노인만이 먹을 수 있었으며 그들에게 고기 맛은 참을 수 없는 유혹이었을 겁니다. 공자는 음악이 어떻게 그 정도로 감동적일 수 있는지 경악했지만 사실 우리에게 더 놀라운 것은 음악에 대한 그의 반응과 공감 능력입니다. 그는 좋은 음악을 들은 것만으로 그 시대 사람들이 다 부러워하던 고급 식생활의 감각을 잃었으니까요.

중국의 '비림비공' 운동에서 공자에게 가해졌던 비판은 거의 대부분 오류입니다. 당시 대중 운동에 맞춰 고안된 공자의 이미지는 역사 속의 공자나 공자의 사상 및 사람됨과는 전혀 무관했습니다. 하지만 그 황당한 오류 가운데 한 가지는 공교롭게도 사실과 맞아떨어졌습니다. 공자가 '유심론자'라는 비판입니다. 공자는 감정이 풍부하고 감각이 예민한 인물이어서 느끼는 대로 이 세상을 대하는 데 익숙했습니다. 또한 그가 가르치고 추구한 것은 올바른 행동이 아니라 옳은 느낌 혹은 더 좋고 고상한 느낌이었습니다. 그런 느낌이 없으면 무슨 일을 해도 만족하지 않았습니다.

「옹야」편 열두째 장을 보겠습니다.

염구가 말했다. "스승님의 도를 싫어하는 것이 아닙니다. 역부족일 따름입니다." 공자께서 말씀하셨다. "역부족인 사람은 중도에 포기하는데 지금 너는 선을 긋고 있다."

冉求曰 "非不說子之道, 力不足也." 子曰 "力不足者, 中道而廢, 今女畫."

염유(염구)는 스승에게 "저는 절대로 스승님이 말씀하시는 이치를 귀담아듣지 않는 게 아닙니다. 능력이 부족해 실천하지 못하는 겁니다"라고 말했습니다. 이에 공자는 "정말 능력이 부족한 사람은 중간까지 가서 더 가지 못하고 어쩔 수 없이 포기하는 법이다. 하지만 너는 아니다. 가 보지도 않고 미리 자기의 한계를 정하지 않느냐"라고 반박했습니다.
    염유가 스승에게 한 말을 보면 내적인 능력을 들어 자신의 그리 훌륭하지 못한 외적 행동을 변호하고 있습니다. 그런데 스승은 내적인 느낌과 동기를 기준으로 그를 비판하니다. 스승이 진정으로 주목한 것은 그가 얼마나 훌륭한 행동을 했느냐가 아니었습니다. 그가 내적으로 얼마나 강한 동기를 갖고 더 잘하려고 하는지, 그것을 더 중요시했습니다. 그리고 스승이 염유를 꾸짖은 까닭은 그에게 동기가 부족하고 그가 스스로 능력의 한계를 정했기 때문입니다. 자신이 역부족이라는 그의 말은 핑계일 뿐이었습니다.

이런 점에서 공자는 확실히 '유심론자'입니다. 염유에 대한 그의 추궁은 실제로 눈에 보이는 모습이 아니라 마음을 문제 삼고 있으니까요. 우리는 당연히 공자에게 이런 의문을 가질 수 있습니다. 염유가 무슨 생각을 하고 있는지, 어느 정도의 한계를 정했는지 공자가 어떻게 아느냐고 말입니다. 그리고 이제껏 무슨 행동을 어떻게 해 왔든 염유가 기울인 노력이 어느 정도였는지 무슨 기준으로 평가할 수 있느냐고 말입니다. 공자의 이런 관점은 너무 주관적이지 않을까요?

확실히 주관적이긴 합니다. 그러나 이런 주관성은 공자의 사상에서 빼놓을 수 없는 요소입니다. 자신의 풍부하고 민감한 공감 능력에 의지해 공자는 어떤 가치, 즉 진실하고 성실하게 자기 자신과 마주하는 것이 외적인 표현으로 남에게 잘 보이고 남을 설득하는 것보다 훨씬 중요하다는 메시지를 전달했습니다. 그런데 그는 무슨 이유로 그런 가르침을

편 걸까요? 공자는 염유가 정말로 '역부족'인지 아니면 '선을 그은 것'인지 그 내적인 차이를 한눈에 꿰뚫어보았기 때문입니다.

「자한」子罕 편의 열아홉째 장을 보겠습니다.

공자께서 말씀하셨다. "비유하자면 산을 만들면서 한 삼태기 흙을 쌓지 못하고 멈춘다면 내가 멈추는 것이다. 또 비유하자면 평지에 한 삼태기 흙을 쌓았더라도 나아간다면 내가 가는 것이다."

子曰. "譬如爲山, 未成一簣, 止, 吾止也. 譬如平地, 雖覆一簣, 進, 吾往也."

산을 만드는 어마어마한 공사에 한 삼태기 흙을 쌓는 일만 남았습니다. 하지만 내가 멈추고서 그 한 삼태기 흙을 쌓지 않으면 그 공사는 역시 멈춘 겁니다. 마찬가지로 산을 만드는데 평지에 겨우 한 삼태기의 흙만 쌓았더라도 내가 쌓기 시작했으면 역시 쌓은 겁니다.

객관적인 사실만 보면 전자는 이미 공사가 한참 진척되어, 겨우 한 삼태기 흙밖에 쌓지 못한 후자보다 당연히 훨씬 높습니다. 그러나 주관적인 의지에 초점을 맞추면 전자는 멈추고 더 쌓지 않기로 한 것이어서 겨우 한 삼태기의 흙만 남았더라도 공사가 완성될 리 없습니다. 이와 대조적으로 후자에 속하는 사람은 막 한 삼태기의 흙을 쌓았을 뿐이지만 계속 열심히 하려는 의지를 갖고 있습니다. 자, 우리는 표면적인 성과를 봐서 성공 직전에 멈춘 사람을 인정해야 할까요, 아니면 주관적인 의지를 고려해 바보처럼 죽어라 일에 몰두하는 사람을 지지해야 할까요?

더 나아가 공자는 자신의 말을 통해 전자의 노력과 조건이 현재의 결정과 성취를 보증할 수는 없다고 지적했습니다. 내가 이미 수백만 삼태기의 흙을 쌓았더라도, 마지막 삼태기의 흙을 쌓지 않는 바람에 그 공사가 미완성으로 끝나는 사태가 벌어지지 않는다는 보장은 없습니다. 마찬가지로 넓은 평지에 앞으로 수백만 삼태기의 흙을 쌓아야 산이 완성된다고 하더라도 그렇기 때문에 내가 그 거대한 공사를 절대로 끝내지 못하리라는 법은 없습니다. 일이 되느냐 안 되느냐에 객관적인 형세와 조건은 중요합니다. 그러나 하느냐 마느냐는 그런 객관적 조건들과 필연적인 관계가 없습니다. 순전히 나의 주관적 의지에 따라 결정됩니다. 그래서 공자는 "멈춘다면 내가 멈추는 것"이고 "나아간다면 내가 가는 것"이라고 말한 겁니다. 멈추거나 나아가거나 모두 스스로 결정하는 것이지 객관적인 형세와 조건에 강요당하는 것이 아닙니다.

좀 더 강하게 말한다면 인간은 객관적인 형세와 조건을 무시하거나 심지어 거부할 수 있는 주관적 결정의 힘을 갖고 있습니다. 한 삼태기의 흙만 남은 상태에서 내가 기필코 산을 완성해야 한다고 누가 정할 수 있습니까? 절대로 평지에 산을 쌓을 생각은 하지 말라고 또 누가 내게 강요할 수 있습니까? 그렇습니다. 인간의 주관적 의지를 존중하고 강조한다는 점에서 공자는 영락없는 '유심론자'였습니다.

예와 감정 교육

공자의 이런 '유심론적' 입장은 부분적으로 춘추 시대의 급변하는 정국에 대한 그의 관찰과 분석에서 비롯되었습니다. 그 시대는 왜 그렇게 혼란하고 무질서해서 수많은 사람이 불안에 떨며 살아야 했을까요? 공자의 견해는 시종일관 같았습니다. '예'를 잃었기 때문이었지요. '예'가 버려지고, 왜곡되고, 변질되었다고 본 겁니다. 그렇다면 왜 그런 현상이 생겨났을까요? 이에 대해 공자는 특별한 답을 얻었습니다.

묵가, 도가 그리고 훗날의 법가의 공통된 출발점은 기존의 '예' 자체에 문제가 있음을 인정한 것이었으며 적어도 '예'가 현실의 요구에 부적합하다고 지적했습니다. 그래서 본래의 '예'를 밀어내고 '예'에서 벗어나 새로운 방법을 찾고자 했습니다. 하지만 공자는 그렇게 생각하지 않았습니다. 그는 '예'의 외적 형식과 내적 정신이 서로 근본적으로 어긋나 버린 것이 문제라고 생각했습니다. 혹은 '예'가 형식화되어 인간의 진실한 감정과 이어졌던 끈이 끊어졌다고 여겼습니다. 그러므로 그가 보기에 세상을 구하는 방법은 '예'의 정신을 탐구하고 처음에 설정된 '예'의 원초적인 의미로 돌아가 다시금 '예'가 인간 내면의 진실한 감정과 결합하게 만드는 것이었습니다.

내면의 감정을 소홀히 한 탓에 '예'는 고리타분한 형식으로 전락하고 말았습니다. '예'는 우리가 감정을 캐내고 표현하고 절제하도록 도와줘야지 거꾸로 감정의 힘을 마비시키고 은폐하고 기만하고 왜곡해서는 안 됩니다.

「술이」편 아홉째 장에서는 "공자께서는 상을 당한 자 곁에서는 일찍이 배불리 드신 적이 없다"子食於有喪者之側, 未嘗飽也라고 했고, 열째 장에서는 "공자께서는 곡을 한 날에는 노래를 부르지 않으셨다"子於是日哭, 則不歌라고 했으며, 서른

두째 장에서는 "공자께서는 남과 노래를 부르다가 그가 잘 부르면 반드시 다시 부르게 한 연후에 그를 따라 불렀다"子 與人歌而善, 必使反之, 而後和之라고 했습니다. 이 세 장은 모두 공 자의 행동을 묘사하는 동시에 공자의 '예'를 표현하고 있습 니다.

공자는 친족이 막 사망해 아직 상을 치르고 있는 사람 곁에서 식사를 할 때는 배불리 먹은 적이 없었습니다. 이것 이 '예'이며, 진실한 감정과 가깝습니다. 누가 내게 배불리 먹으면 안 된다고 정한 것도 아니고 적게 먹으라고 강요하는 것도 아닙니다. 다만 나 스스로 상을 당한 사람의 슬픔과 괴 로움에 전염되어 음식을 먹어도 맛을 모르게 되는 겁니다. 사실 그런 상황에서 평소처럼 아무렇지도 않게 밥을 먹으면 오히려 이상하지 않을까요?

공자가 곡을 한 날에는 노래를 하지 않은 것도 '예'이며 역시 진실한 감정입니다. 슬퍼서 곡을 한 뒤에 곧장 안색을 바꿔 즐겁게 노래를 하는 것은 너무 빠르고 극적인 반전이 아닙니까? 곡을 할 때 슬퍼하지 않았든, 노래를 할 때 즐거 워하지 않았든 둘 다 진실하지 않습니다. '예'의 규범은 우리 가 진실하지 않은 어정쩡한 감정에 빠지지 않도록 우리를 도 와줍니다. 괴로울 때는 정말 괴로워하고 기쁠 때는 정말 기뻐하는 것, 이것이 공자가 주장한 감정 교육의 핵심입니다. 그는 진실하고 순수하며 철저한 감정을 지향했습니다.

「팔일」八佾 편 넷째 장을 보겠습니다.

임방이 예의 근본에 대해 물었다. 공자께서 말씀하셨다. "큰 물음이다! 예는 사치스러운 것보다는 검소해야 하고 상례는 형식만 잘 갖추는 것보다는 슬퍼해야 한다."

林放問禮之本. 子曰 "大哉問! 禮, 與其奢也, 寧儉. 喪, 與其易也, 寧戚."

무엇이 "예의 근본"입니까? 임방은 이 질문으로 공자 교육의 핵심을 캐물었습니다. 그러자 스승은 "큰 물음이다!"라고 칭찬했죠. "예의 근본"이란 표면적 '예'인 예절과 규칙 외에 더욱 중요한 '예'의 내적 정신을 말합니다. 이에 공자가 내준 답의 초점은 역시 진실한 감정을 가져야 한다는 데 있습니다. 예란 번거로운 쪽보다는 간소한 쪽이 좋다고도 했지요. 마지막에는 특별히 상례를 예로 들어 모든 예절을 주도면밀하게 행하기보다는 진실한 슬픔을 표현하는 편이 낫다고 강조했습니다.

그리고 공자는 다른 사람과 노래를 부를 때 노래를 아주 잘 부르는 사람을 발견하면 반드시 그 사람에게 다시 불러 달라고 청한 뒤, 따라서 부르곤 했습니다. 이 또한 음악과 다른 사람의 재능에 대한 공자의 진심 어린 사랑의 감정을 드러냅니다. 이런 감정을 적절히 표현하면 자연스레 그와 어울리는 '예'가 됩니다.

핵심을 잘못 짚은 제자

「양화」陽貨 편 스물한째 장입니다.

재아가 물었다. "삼년상은 기간이 너무 깁니다. 군자가 예를 삼 년 행하지 않으면 예가 필시 무너질 것이고 음악을 삼년 행하지 않아도 음악이 필시 무너질 겁니다. 묵은 곡식이 이미 떨어지고 새 곡식이 이미 여물며 나무를 뚫어 불씨를 바꾸는 기간이면 됩니다." 공자께서 말씀하셨다. "쌀밥을 먹고 비단옷 입는 것이 너는 편안하겠느냐?" 재아가 말했다. "편안할 겁니다." "네가 편안하다면 그렇게 해라. 무릇 군자가 상을 치를 때는 맛있는 것을 먹어도 달지 않고 음악을 들어도 즐겁지 않으며 거처하던 곳에서 지내는 것도 편안하지 않아 그렇게 하지 않는 것이다. 지금 네가 편안하다면 그렇게 해라." 재아가 밖으로 나가자 공자께서 말씀하셨다. "여는 어질지 못하다. 자식은 태어난 지 삼 년이 지난 뒤에 부모의 품을 벗어난다. 무릇 삼년상은 세상이 다 하는 상이거늘 여는 자기 부모에게서 삼 년 동안 사랑을 받았을까?"

宰我問 "三年之喪, 期已久矣. 君子三年不爲禮, 禮必壞. 三年不爲樂, 樂必崩. 舊穀既沒, 新穀既升, 鑽燧改火, 期可已矣." 子曰 "食夫稻, 衣夫錦, 於女安乎?" 曰 "安." "女安, 則爲之. 夫君子之居喪, 食旨不甘, 聞樂不樂, 居處不安, 故不爲也. 今女安, 則爲之." 宰我出, 子曰 "予之不仁也! 子生三年, 然後免於父母之懷. 夫三年之喪, 天下之通喪也, 予也有三年之愛於其父母乎?"

재아가 묻기를, "부모를 위해 삼년상을 지키는 것은 너무 깁니다! 상을 지키는 삼 년 동안 다른 예를 행하지 않으면 예는 틀림없이 무너질 것이며 역시 삼 년 동안 음악을 행하지 않으면 음악도 틀림없이 무너질 겁니다. 앞에 수확한 곡식을 다 먹으면 새 곡식을 거둬들이며, 작년에 피운 불이

꺼지면 새로 나무를 비벼 불을 지핍니다. 이렇게 순환되는 일 년의 시간이면 그럭저럭 충분하지 않을까요?"라고 했습니다.

물음의 형식을 취하기는 했지만 사실 재아는 자기 의견을 밝히려 했습니다. 전통적인 삼년상이 너무 길기 때문에 기간을 일 년으로 줄여야 한다고 말이지요. 더욱이 미리 준비까지 해 놓았던 재아는 그럴듯한 이유도 내놓습니다. 첫 번째 이유는 상을 지키는 기간에 정상적인 생활을 할 수 없고 예와 악을 행하지 못하기 때문에 스승이 그렇게 중시하는 예와 악이 무너지게 된다는 것이었습니다. 이어서 두 번째 이유를 거론할 때는 먼저 자연의 순환이 일 년 단위로 이뤄지고 사람의 생활도 이에 맞춰 진행된다는 논리를 내세웠습니다. 예컨대 고대에는 불을 피우기가 쉽지 않아 불씨가 계속 타도록 유지했지만 그래도 일 년이 지날 때마다 묵은 불을 끄고 새 불을 지펴 새해의 의미를 되새겼습니다. 자연의 이런 한 차례 순환에 상을 지키는 기간을 맞추는 것이 적당하지 않느냐는 것이 그의 논리였죠.

공자는 재아의 이런 제안이 옳은지 그른지 직접적으로 답하지 않았습니다. 그 대신 "부모가 죽고 일 년 뒤에 잘 먹고 잘 입어도 너는 마음이 편하겠느냐?"라고 물었습니다.

재아는 아주 명쾌하게 "마음이 편할 겁니다!"라고 답했습니다. 이에 공자는 직접적으로 그에게 "마음이 편할 것 같으면 너는 그렇게 해라. 군자가 상을 지키는 것은 육친을 잃고 마음이 슬프기 때문이다. 이때는 그에게 맛있는 음식을 줘도 맛을 알지 못하고 음악을 들려줘도 즐거워하지 않으며 본래 살던 곳에서 지내는 것도 편안해하지 않는다. 그래서 맛있는 음식을 먹지 않고, 음악도 듣지 않고, 초라한 움막에서 사는 것이다. 그런데 너는 마음 편히 일상생활을 할 수 있을 것 같다고 하니 네가 하고 싶은 대로 해라!"라고 말했습니다.

공자가 두 번이나 "네가 편안하다면 그렇게 해라!"女安, 則爲之라고 말한 것은 결코 진정으로 동의하고 칭찬한 것이 아닙니다. 재아가 밖으로 나가자 공자는 다른 제자들을 향해 "재아는 실로 어질지 못하구나! 자식은 태어난 지 삼 년이 되어서야 부모의 품에서 벗어난다. 이런 이치에 따라 부모상을 삼년상으로 치르는 것을 보편적인 원칙으로 삼은 것이다. 재아는 설마 어릴 적에 부모에게서 삼 년 동안 사랑을 받지 못한 것일까?"라고 말했습니다.

이 부분은 '예'에 대한 공자의 견해와 태도를 생동감 있게 잘 표현하고 있습니다. 공자는 삼년상의 규정이 아니라 그 규정의 근원에 주목합니다. 상례에 그런 규정이 있어서 군자가 부모가 돌아가신 후 삼 년간 맛있는 것도 먹지 못하고, 음악도 즐기지 못하고, 본래의 일상생활도 누리지 못하는 것이 아닙니다. 원인과 결과의 순서를 뒤바꿔야 합니다. 부모의 죽음은 너무나 심한 변화와 충격을 불러오기 때문에 사람들은 평상심을 유지하기가 힘듭니다. 혹시 맛있는 음식이라도 먹게 되면 '아, 부모님은 이걸 못 드시겠구나''하는 생각이 나고 좋은 음악을 들어도 '아, 부모님은 이걸 못 들으시겠구나' 하는 마음이 듭니다. 또한 본래 살던 집을 거닐 때는 문득 예전에 부모님이 이곳에 앉으셨고 내게 어떤 말을 하셨는데 지금은 계시지 않는다는 상념에 사로잡힙니다. 사실 '예'는 이런 슬픔 속의 자연스러운 경험을 예절로 바꿔 사람들이 비상 시기를 잘 넘길 수 있도록 도와줄 따름입니다.

재아가 우쭐대며 내세운 논리의 허점을 공자는 즉시 간파하고 핵심을 완전히 잘못 짚었다고 일깨워 줍니다. 문제는 해야 하느냐 말아야 하느냐에 있는 것이 아니라 할 수 있느냐 없느냐에 있다고 말이죠. 다시 말해 중요한 것은 규정대로 삼 년 동안 사서 고생을 해야 하느냐가 아니라, 속히 감정을 가라앉히고 잘 먹고 잘 입는 정상적인 생활로 돌아갈 수 있느냐는 것입니다.

재아는 자신이 그럴 수 있다고 말했습니다. 그 대답은 일 년 뒤, 그의 마음속에서 부모에 대한 그리움의 정이 싹 사라지는 것을 뜻합니다. 정말로 그럴 수 있다면 마음도 없는데 억지로 상을 지낼 필요가 없겠지요. 공자가 재아에게 "네가 편안하다면 그렇게 해라"라고 말한 것은 공자 자신의 근본 원칙을 지킨 것이기도 합니다. '예'는 마땅히 진실한 감정에 따라 행해져야 하고, 행해질 수밖에 없으므로, 공자는 재아에게 진실한 감정도 없는 상태에서 삼년상을 치르라고 강권하지 않습니다.

하지만 스승은 마음이 아팠습니다. 그리하여 재아가 나갔을 때 그는 다른 제자들에게 자신의 분노와 아픔을 드러냈습니다. 재아의 문제는 '예'를 어긴 것이 아니라 사람 사이에 주고받는 감정의 상호 대응 원칙을 심각하게 어겼다는 데 있었습니다. 그래서 공자는 그가 "어질지 못하다"不仁라고 말했습니다. 아이는 태어나 첫 삼 년은 전적으로 부모에게 의존하며, 부모의 양육 덕분에 어엿한 한 사람으로 성장할 수 있습니다. 이런 사실을 생각한다면 부모의 그 삼 년에 감사와 그리움이 없을 수 있을까요? 그런데 재아는 일 년이면 부모에 대한 감정에서 벗어날 수 있다고 했습니다. 설마 그는 어릴 적 부모가 아끼고 보호해 주는 삼 년 동안의 사랑이 필요 없다고 여기는 걸까요?

공자는 걱정이 많았다

「술이」편의 둘째 장에서 공자는 "묵묵히 기억하고, 배우며 싫증 내지 않고, 남을 가르치는 데 게으르지 않는 것이 내게 무슨 문제이겠는가?"默而識之, 學而不厭, 誨人不倦, 何有於我哉? 라고 말합니다. 눈을 뜨고 귀를 열어 이 세상과 접촉해, 보이고 들리는 바를 묵묵히 기억하고, 꾸준히 공부하면서도 싫은 느낌을 전혀 받지 않으며, 자기가 배운 것을 남에게 가르치면서 전혀 피곤해하지 않는 것, 이런 일들은 자신에게 전혀 어려울 것이 없다는 뜻입니다. 여기에는 공자의 자신감이 표현되어 있습니다. 이런 일들에 그는 아주 능했는데, 왜냐하면 그가 가장 즐겨 하던 일들이기 때문입니다.

공자는 다음 장에서는 "덕을 닦지 못하고, 배운 것을 연구하지 못하고, 의로운 얘기를 듣고도 실천하지 못하고, 선하지 못한 점을 고치지 못하는 것이 나의 근심이다"德之不修, 學之不講, 聞義不能徙, 不善不能改, 是吾憂也라고 했습니다. 그는 자신이 인간관계의 행위에서 도덕 수양이 충분하지 않은 것을 걱정했고, 배운 지식이나 기능을 지속적으로 연구하지 못하는 것을 걱정했고, 올바른 행동 원칙을 듣고도 스스로 실천하지 못하는 것을 걱정했고, 자신의 결점이 무엇인지 알면서도 고치지 못하는 것을 걱정했습니다.

이 두 장을 대조해 보면 공자의 자아상이 떠오릅니다. 그는 자신의 장점을 잘 알고 자랑스러워했습니다. 공자의 장점은 배우기를 좋아하고 많은 것을 기억하며 자기가 배운 것을 어떻게 가르칠지 잘 아는 것이었습니다. 하지만 이런 장점으로 인해 그는 예민하게 이에 뒤따르는 문제를 감지하고 검토할 수 있었습니다. 그 문제란 이렇습니다. 공자는 지식과 기능을 쉽게 배우고 또한 쉽게 가르칠 수 있었습니다. 그러므로 자칫하면 이 지식과 기능은 공자 자신에게 제대로 속하지 못하고, 실제 삶에서 그저 스쳐 지나가기만 할 뿐 자신에게 전혀 영향을 주지도 못하고 자신을 바꾸지 못하게 될지도 몰랐습니다.

공자는 언제나 배운 다음의 일을 걱정했습니다. 도덕 원칙을 깨달은 다음에는 어떻게 해야 할까요? 지식을 갖춘 다음에는 어떻게 해야 할까요? 규범을 납득한 다음에는 어떻게 해야 할까요? 자신을 점검하고 이해한 다음에는 어떻게 해야 할까요? 사실상 많은 사람이 거기에 머무를 뿐 '그다음'이 없습니다. 특히나 스승은 더 그렇게 되기 쉽습니다. 단지 가르칠 목적으로 그때그때 지식을 흡수하는 것으로 만족하기 때문입니다. 학생들의 눈에는 당연히 학문이 깊어 보이겠지요. 하지만 이런 사람이 많이 배우면 배울수록 그 배운 것들은 그의 삶에 점점 영향을 미치지 못하고 의미도 갖지 못하게 됩니다.

공자는 그런 사람이 되지 않으려 했고 제자들이 그런 사람이 되는 것도 당연히 원치 않았습니다. 그러나 지식과 기능은 가르칠 수 있어도 가장 중요한, 그 지식과 기능이 자신을 진정으로 변화시키게 하는 것만은 가르칠 수 없음을 그는 잘 알고 있었습니다. 그것은 오직 스스로 깨달아야 하기 때문입니다. 공자는 이런 몇 가지 일을 끊임없이 걱정했는데 이 걱정 자체가 그의 꾸준한 수양인 동시에 제자들을 감화시키고 영향을 줄 수 있는 유일한 방법이었습니다. 진정한 솔선수범이었던 것이죠.

「술이」편의 서른셋째 장에서 공자는 "학문은 내가 남보다 못하지 않겠지만 몸소 군자의 도리를 실천하는 것은 아직 이루지 못했다"文, 莫吾猶人也. 躬行君子, 則吾未之有得라고 말합니다. 이 말을 풀어 보면 "문헌의 지식과 관련해서는 아무래도 내가 다른 사람보다 낫겠지만 그 지식을 고대의 귀족 군자처럼 행동으로 옮기는 면에서는 별로 성과를 거두지 못했다"

정도일 겁니다.

후대에서는 공자가 배우고 가르친 것들을 시험의 자료로 삼고 나아가 절대적인 모범 답안으로 외우게 했는데, 이런 병폐의 원인을 그에게 돌리는 것은 실로 억울한 일입니다. 공자는 분명히 그와 정반대의 태도를 갖고 있었으니까요. 피상적인 배움에 반대하고 배운 것을 체화하는 것을 강조하는 한편, 꾸준히 힘써 실천하는 삶을 지향했습니다. 공자는 이런 사람이었습니다.

모든 인격을 내보인 스승

공자는 많은 제자를 가르쳤습니다. 후대 사람들은 그의 제자가 3천 명이었고 그중 유명한 인물이 72명이었다고 말했습니다. 그러나 『논어』를 보면 공자는 대규모 수업을 하지는 않은 듯합니다. 그의 교육은 제자들의 특성을 일일이 분별하는 것이 포인트였으니까요. 『논어』에는 그가 제자들 간의 차이점에 관해 말한 기록이 상당히 많습니다. 반대로 같은 점을 거론한 기록은 상대적으로 매우 적습니다.

「옹야」편의 여덟째 장을 보겠습니다.

계강자가 물었다. "중유는 정사를 돌보게 할 만합니까?" 공자께서 말씀하셨다. "유는 과단성이 있으니 정사를 돌보는데 무슨 어려움이 있겠습니까?" 계강자가 말했다. "사는 정사를 돌보게 할 만합니까?" 공자께서 말씀하셨다. "사는 사리에 밝으니 정사를 돌보는 데 무슨 어려움이 있겠습니까?" 계강자가 말했다. "구는 정사를 돌보게 할 만합니까?" 공자께서 말씀하셨다. "구는 다재다능하니 정사를 돌보는 데 무슨 어려움이 있겠습니까?"

季康子問 "仲由可使從政也與?" 子曰 "由也果, 於從政乎何有?" 曰 "賜也可使從政也與?" 子曰 "賜也達, 於從政乎何有?" 曰 "求也可使從政也與?" 子曰 "求也藝, 於從政乎何有?"

노나라의 집권자 계씨가 공자에게 자로(중유), 자공(사), 염유(구)가 관리가 될 만한 조건을 갖췄느냐고 물었습니다. 공자는 거의 경멸에 가까운 어조로 "관리 일을 하는 것이 그들에게 뭐가 어렵겠습니까?"라고 확언합니다. 그런데 그 세 사람이 관리 일을 잘할 수 있는 까닭에 대해서는 각기 다른 견해를 폅니다. 자로는 과감하고 결단력이 있고(果) 자공은 사리에 밝으며(達) 염유는 다재다능하기 (藝) 때문이라고 말이죠.

공자가 이 제자들을 가르친 것은 단지 대부를 돕고 시중들게 하기 위해서가 아니라 그들이 완벽한 '군자'가 되어 더 중요한 국정의 임무를 맡을 수 있게 하기 위해서였습니다. 대부의 가문에 봉사하는 일은 한 가지 특정한 능력만 지녀도 충분했습니다. 공자는 이렇게 말함으로써 자신의 정치론을 펴는 동시에 간결하고도 정확하게 제자들에 대한 자신의 생각을 밝혔습니다.

이 기록이 세 부분으로 나뉘어 있는 것은 공자가 계강자에게 "이 세 제자는 모두 훌륭해서 당신을 도와 정사를 돌보기에 충분합니다"라는 식으로 두루뭉술하게 표현하려 하지 않았기 때문입니다. 그런 표현 방식은 공자의 스타일이 아니었습니다. 각기 단 한 글자로 형용하긴 했지만 그는 어떻게든 자로가 어떤지, 자공이 어떤지, 염유가 어떤지 설명하려 했습니다. 이것은 그가 제자들을 대하고 존중한 방식을 나타냅니다.

아마도 누구나 학교를 다니면서 교사들이 학생들에게 '너희는 어떠어떠하다'라고 말하는 것을 질리도록 들었을 겁니다. 교사는 한 반의 학생들을 싸잡아 욕하고, 교장도 전교생을 싸잡아 욕하죠. 그럴 때 여러분은 무슨 생각이 들었습

니까? 억울하게 욕을 먹는다거나 존중받지 못한다는 생각이
들지 않았나요? 공자는 기본적으로 '너희'라는 말을 사용해
제자들을 꾸짖지 않았을 사람입니다.

공자는 제자들을 잘 꾸짖었으며 때로는 아주 혹독하게
꾸짖었습니다. 하지만 꾸짖을 때는 반드시 개인을 겨냥하여,
그리고 특정한 성격과 행동을 겨냥하여 꾸짖었습니다. 화풀
이하듯 여러 제자나 제자들 전체를 싸잡아 꾸짖는 일은 없었
습니다.

「술이」 편의 스물넷째 장에서 공자는 "너희는 내가 숨
기는 게 있다고 생각하느냐? 나는 숨기는 게 없다. 행하고
서 너희에게 알려 주지 않는 것이 없으니 그것이 나 공구다."
二三子以我爲隱乎? 吾無隱乎爾. 吾無行而不與二三子者, 是丘也 라고 말했
습니다.

원문의 '二三子'(이삼자)는 공자가 친근하게 제자들을 부
르는 호칭입니다. 이 장에서 공자는 제자들에게 "너희는 내
가 너희에게 뭔가 숨긴다고 생각하느냐? 나는 너희에게 숨
기는 일이 없다. 내가 하는 일 중에는 너희가 모르거나 참여
하지 않는 것이 없다. 이것이 나의 성격이며 나의 사람됨이
다"라고 말했습니다.

공자가 자신의 시대와 후대에 그렇게 큰 영향을 미친 까

닭은 그가 이처럼 모든 일을 성심성의껏 제자들과 함께했기 때문입니다. 그가 자신의 모든 인격을 제자들 앞에 내보였기에 제자들은 교사로서의 공자가 아니라 매순간 진실한 공자, 제자들과 모든 것을 공유하는 공자를 볼 수 있었습니다. 또한 그의 일거수일투족이 다 보이고, 그로 인해 그의 일거수일투족이 다 제자들에게 영향을 끼쳤던 까닭에 글쓰기의 조건이 극도로 좋지 않았던 그 시대에도 제자들은 가능한 한 스승의 언행을 문자로 남기려고 애썼던 겁니다.

다음은 「자한」편의 열두째 장입니다.

공자께서 병이 나자 자로가 제자들을 시켜 신하가 되게 했다. 병이 좀 나아지자 공자께서 말씀하셨다. "오래되었도다, 유가 속임수를 쓴 것이. 신하가 없는데 신하가 있게 되었으니 내가 누구를 속이겠는가? 하늘을 속이겠는가? 또 내가 신하의 손에서 죽느니 너희의 손에서 죽는 것이 낫지 않겠느냐? 또 내가 성대한 장례는 얻지 못하더라도 길에서 죽기야 하겠느냐?"

子疾病, 子路使門人爲臣. 病閒, 曰 "久矣哉, 由之行詐也. 無臣而爲有臣, 吾誰欺? 欺天乎? 且予與其死於臣之手也, 無寧死於二三子之手乎? 且予縱不得大葬, 予死於道路乎?"

공자가 병이 무거워 죽을 것 같았을 때, 대제자 자로는
어쩔 수 없이 상을 치를 준비를 하면서 제자들에게 '신하' 역
할을 맡겼습니다. 이는 공자에게 거의 군주급의 상례를 치러
주려고 그가 죽기 전부터 최고의 대우를 해 주었음을 뜻합니
다. 얼마 후 죽지 않고 병세가 다소 호전되었을 때, 공자는
꾸짖어 말하기를, "자로의 일 처리가 믿음직스럽지 못하고
속임수를 쓴다는 것을 나는 일찍부터 알고 있었다. 내가 군
주란 말인가? 나를 둘러싸고 시중드는 신하가 있단 말인가?
내가 죽고 그 거짓 신하들이 튀어나오면 내가 누구를 속이겠
는가? 설마 하늘을 속이겠는가? 게다가 나는 군주처럼 신하
들의 보살핌 속에 죽느니 차라리 제자들에 둘러싸여 죽는 편
이 낫다. 내가 고귀한 장례는 얻지 못하더라도 설마 너희가
나를 길에서 죽게 내버려 두기야 하겠느냐?"라고 했습니다.
　　공자는 이처럼 매서운 말들을 전부 자로를 향해 쏟아냈
습니다. 그러나 『논어』를 다 읽어 보았다면 누구도 자로가
악인이었다거나 공자가 자로를 싫어했다고 보지 않을 겁니
다. 공자와 자로의 관계는 대단히 특별했습니다. 두 사람은
사실 나이 차이가 아홉 살밖에 나지 않아서, 공자는 자로 앞

에서 스승의 위엄을 내세우지 않았으며 성미 급한 자로는 공자의 말이 끝나기도 전에 대답을 하거나 심지어 이의를 제기하곤 했습니다. 이처럼 사이가 가장 좋았기 때문에 공자는 허물없이 더 호되게 자로를 꾸짖었던 겁니다.

공자는 자로를 꾸짖으면서 먼저 그의 기만행위를 지적합니다. 자로는 공자를 위해 거창한 장례를 기획하면서 분수에 넘치게 군주에게나 어울리는 예의를 차리려 했습니다. 사실 노나라의 집권 대부들은 걸핏하면 그런 짓을 일삼았지만 공자는 절대로 그럴 수가 없었습니다. 그리고 뒷부분 역시 자로를 꾸짖는 말이지만 그 포인트는 전혀 다릅니다. 공자는 "이렇게 많은 세월이 지났는데 너는 아직도 잘 모르겠느냐? 내 눈에는 스승으로서의 신분과 지위가 군주보다 결코 낮지 않다. 그런데 너는 어째서 모두를 신하로 꾸며 내 마음을 편안하게 하고 즐겁게 할 수 있다고 생각하느냐? 그것이 너희가 본래 제자의 신분인 것보다 낮다고 여긴 것이냐? 내가 원하고 진정으로 내 신분에 맞는 것은 제자들의 시중을 받으며 이 세상을 떠나는 것이다. 너희에 대한 나의 이런 신뢰를 너는 어째서 모르는 것이냐?"라고 말했습니다.

이 일은 공자가 지금 되살아나더라도 똑같이 마음 아파할 일입니다.

공자의 농담

제자들과 함께 있을 때 공자는 엄격할 때도 있었지만 꽤 유머러스할 때도 있었습니다. 그는 항상 농담을 즐겼습니다. 하지만 그의 농담은 후대에 와서 그가 엄숙한 표정을 지으며 한 말로 해석되었습니다. 『논어』에 나타난 공자의 진실한 면모는 그렇지 않습니다. 공자의 농담을 억지로 진지하게 풀이하는 것은 첫째로 의미의 왜곡이며 둘째로는 공자에 대한 올바른 인식을 가로막습니다.

「자한」편의 둘째 장을 예로 들어 보겠습니다.

달항 사람이 말했다. "위대하도다, 공자여. 널리 배웠으나 이름을 이룬 것은 없구나." 공자께서 이 말을 들으시고 제자들에게 일러 말씀하셨다. "내가 무엇을 할까? 수레를 몰까? 활을 쏠까? 나는 수레를 몰겠다."

達巷黨人曰 "大哉孔子, 博學而無所成名." 子聞之, 謂門弟子曰 "吾何執? 執御乎? 執射乎? 吾執御矣."

달항이라는 곳에 사는 사람이 뒤에서 공자를 비꼬아 말했습니다. "공자는 정말 대단해! 학문은 그렇게 위대한데 변변한 직위와 성과는 전혀 없잖아"라고 말입니다. "이름을 이루다"成名는 주로 관직을 얻었음을 뜻합니다. 공자는 이 말을 전해 듣고 제자들에게 "아, 나는 무슨 일을 하면 좋을까? 수레를 모는 것이 좋을까, 아니면 활을 쏘는 것이 좋을까? 흠, 아무래도 수레를 모는 것이 좋겠군"이라고 말했습니다.

그런데 전통적인 해석에 따르면 달항 사람의 말을 전해 듣고 공자는 제자들과 진지하게 의논하기를, "그러면 내가 어떤 직무에 전념해야 하겠느냐? 수레 몰기냐, 활쏘기냐? 역시 수레 몰기가 조금 낫겠다"라고 말했습니다. 이런 해석법은 분명히 문제가 있습니다. '수레 몰기'와 '활쏘기'는 다 변변한 직무가 아니었으며 공자가 중시한 직무도 아니었습니다. 공자의 장기는 더더욱 아니었습니다. 그래서 어쩔 수 없이 설명이 덧붙었는데 그중 한 가지는 공자가 반어법을 썼다는 겁니다. 고의로 자신을 낮추는 말을 써서 상대의 잘못을 드러냈다는 말이지요. 다른 한 가지는 공자가 진지하게 말하기는 했지만 단지 겸손의 표현이었다는 겁니다.

하지만 이 구절은 사실 너무나 간단하고 자연스럽게 해석이 됩니다. 어떤 사람이 공자를 비판했고 공자는 그 말을 듣고서 제자들에게 농담을 던졌습니다. "그래, 너희들의 스승은 아무것도 할 줄 아는 게 없는 것 같구나. 도대체 내가 할줄 알고, 또 내게 맞는 일이 뭐가 있지? 수레는 몰 수 있을까, 아니면 활쏘기라도?"라고 말입니다. 이 말은 분명히 멋쩍음을 감추려는 공자의 유머입니다.

다음은 「선진」 편의 열셋째 장입니다.

민자는 곁에서 모시며 정중했고 자로는 굳셌으며 염유와 자공은 온화했다. 공자께서는 이를 기뻐하셨다. "유 같으면 제명에 죽지 못할 것이다."

閔子侍側, 誾誾如也. 子路, 行行如也. 冉有, 子貢, 侃侃如也. 子樂. "若由也, 不得其死然."

공자는 개성이 각기 다른 제자들로 둘러싸여 있었습니다. 민자건(민자)은 엄숙하고 공손했으며 자로는 굳세고 결단력이 있었습니다. 염유와 자공은 온화하여 다른 사람과 잘지냈습니다. 공자는 이를 매우 기뻐했습니다. 제자들이 각자개성을 갖고 그 개성을 잘 발휘하는 것을 기뻐한 겁니다.

또 그다음 장에서는 이런 내용이 나옵니다.

노나라가 장부長府를 개축하기로 했다. 이에 민자건이 말했다. "옛것 그대로면 어떻단 말인가? 꼭 개축해야 하는가?" 공자께서 말씀하셨다. "이 사람은 과묵하지만 말을 하면 꼭 들어맞는다."

魯人爲長府. 閔子騫曰 "仍舊貫, 如之何? 何必改作?" 子曰 "夫人不言, 言必有中."

노나라에서 '장부'라고 불리는 창고를 개축하려고 했습니다. 이에 대해 민자건이 평하기를, "옛날 모습이 뭐 어떻다고 굳이 개축하려 하는가?"라고 했습니다. 이 말을 듣고 공자는 "이 사람은 평소에 말이 별로 없지만 일단 말을 하면 꼭 정곡을 찌르곤 하지"라고 민자건을 칭찬했습니다.

민자건이 겨냥한 것은 '장부'의 개축 그 자체가 아니라 굳이 개축을 해야 하는 이유였습니다. 백성에게 세금을 더 거두어야 창고를 개축할 수 있으며, 아울러 창고를 개축하려면 백성에게 거둔 부를 써야만 합니다. 따라서 "옛것 그대로면 어떻단 말인가?"라는 말 속에는 증세를 반대하는 민자건의 입장이 담겨 있었고 공자는 이를 지지했던 겁니다.

공자는 민자건을 지지하면서 그가 평소에 말수가 적어 자공, 염유와는 크게 다르다는 것을 강조합니다. 물론 그는 패기 넘치고 충동적인 자로와도 달랐습니다. 이런 자로에 대해서 공자는 이미 "유는 제명에 죽지 못할 것이다"라고 이전 장에서 언급한 바 있습니다. 전통적으로 이 말은 공자가 특별히 자로의 개성을 염려한 것으로 해석되었습니다. "자로처럼 충동적이고 무용武勇을 자랑하는 사람은 품위 있게 제 수명을 다하기 힘들다"라는 식으로 말이죠.

하지만 공자가 정말 진지하게 이 말을 한 것 같지는 않습니다. 훗날 자로가 실제로 제명에 죽지 못하고 비장하게 전사함으로써 이 말이 정확한 예언이 돼 버리기는 했지만, 그때는 "공자께서 기뻐하시는"子樂 분위기였습니다. 기뻐하던 공자가 갑자기 그런 무거운 이야기를, 마치 자로를 저주하는 듯한 이야기를 꺼냈다는 것은 잘 납득되지 않습니다.

오히려 공자가 그런 제자들 사이에서 즐거워하며 농담을 했다고 하는 편이 좀 더 이해하기 쉽고 상상이 갑니다. 한결같이 자신의 무용을 자신하는 자로에게 그는 웃으면서 "하지만 너처럼 늘 자신만만한 사람은 언젠가 꼭 큰코다치는 일이 있을 것이다"라고 꼬집어 말한 겁니다. 공자와 자로, 이 두 사제는 걸핏하면 옥신각신하곤 했습니다. 따라서 공자가

기회를 포착해 이처럼 자로를 놀린 것은 전혀 이상한 일이
아니었습니다.

스승에게는 정답이 없었다

삶과 죽음은 무엇인가

「선진」편 열두째 장입니다.

계로가 귀신 섬기는 일을 물었다. 공자께서 말씀하셨다.
"사람도 아직 섬기지 못하는데 어떻게 귀신을 섬기겠느
냐?" 계로가 또 말했다. "감히 죽음에 대해 여쭙습니다."
공자께서 말씀하셨다. "삶도 아직 모르는데 어떻게 죽음을
알겠느냐?"

季路問事鬼神. 子曰 "未能事人, 焉能事鬼?" 曰 "敢問死?" 子
曰 "未知生, 焉知死?"

자로(계로)가 공자에게 어떻게 귀신을 섬겨야 하는지
물었습니다. 공자는 그의 질문에 직접 답하지 않고 "아직 사
람도 잘 섬기지 못하는데 어찌 귀신 섬기기에 신경을 쓰겠느
냐?"라고 말했습니다. 이 말은 두 가지 의미를 담고 있습니
다. 하나는 먼저 사람 섬기는 일부터 배우고 실천한 다음에
귀신 섬기는 일을 신경 쓰라는 겁니다. 귀신보다 사람을 중
시하는 인본주의의 태도가 엿보입니다. 그리고 다른 하나는
먼저 인간 세상의 일을 잘 처리할 줄 알아야 귀신의 일을 처
리할 능력도 생긴다는 겁니다. 왜냐하면 귀신의 일은 본래
인간 세상의 일에서 파생되었기 때문입니다.

　　이렇게 면박을 당했지만 자로는 이 문제를 포기하지 않
았습니다. 이번에는 조금 에둘러서 "그러면 죽음이 무엇인
지는 여쭤 볼 수 있습니까?"라고 조심스레 묻습니다. 사람이
죽으면 귀신이 되므로 죽음은 당연히 귀신과 관련이 있는 셈
이지요. 하지만 공자가 자로의 의중을 모를 리가 없지요. 공
자는 또 똑같은 방식으로, "삶이 무엇인지 모르는데 어떻게
죽음이 무엇인지 알 수 있겠느냐?"라고 받아칩니다.

죽음과 사후의 존재에 대해서는 누구나 걱정과 두려움을 느끼며 궁금해합니다. 그러나 공자의 태도는 아주 명쾌합니다. 이 세상에서 잘 살아가는 것보다는 중요하지 않다는 것이지요. 우리는 죽음과 사후의 존재가 무엇인지 파악할 수 없습니다. 그런데 공자는 그것이 무엇이든 필경 우리가 사는 현실과 유사한 연속성을 갖고 있다고 굳게 믿었습니다. 이 연속성이란 죽은 귀신이 우리의 조상이며, 우리도 죽은 다음에 그 죽음의 영역에 머물면서 아직 살아 있는 자손들과 어떤 관계를 맺는다는 뜻입니다. 바로 이 연속성 때문에 우리는 죽음의 영역을 사유하고 이해할 필요가 있습니다. 이런 전제를 바탕으로, 공자는 현실의 갖가지 인문 가치와 인간으로서의 원칙 및 책무를 진지하게 고민하는 것이 한편으로는 그 영역을 접하고 이해하기 위한 준비라고 생각했습니다.

공자는 우리의 노력과 통제 범위 안에 있지 않은 일들은 굳이 걱정하지 말라고 권했습니다. 「술이」 편의 열여섯째 장에서 그는 "거친 밥을 먹고 물을 마시며 팔을 구부려 베고 눕더라도 즐거움이 또한 그 안에 있다. 의롭지 않으면서 부귀한 것은 내게 뜬구름과 같다"飯疏食飮水, 曲肱而枕之, 樂亦在其中矣. 不義而富且貴, 於我如浮雲라고 했습니다. 또한 같은 「술이」 편의 열두째 장에서는 "부가 추구할 수 있는 것이라면 채찍을 드

는 일이라도 나는 하겠다. 만약 추구할 수 없는 것이라면 나
는 좋아하는 바를 따르겠다"富而可求也, 雖執鞭之士, 吾亦爲之. 如不
可求, 從吾所好라고 했습니다. 이 두 구절을 함께 읽어 보면 매
우 재미있습니다.

공자는 당연히 부정한 방법으로 부귀를 추구하는 것에
반대했습니다. 그런데 그가 댄 이유를 보면 첫째, 부정한 수
단을 쓰면 원칙을 파괴하고 우리 마음속의 자유로움까지 파
괴하여 우리를 즐겁지 못하게 만든다는 겁니다. 사실 마음이
편안하고 자유로운 사람은 아주 소박한 삶에서도 진정한 즐
거움을 얻을 수 있습니다. 이어서 둘째 이유는 스스로 수단
과 방법을 가리지 않고 부귀를 좇기를 원한들 반드시 성공한
다는 보장은 없다는 겁니다. 그렇다면 부귀를 좇는 주관적
바람은 하늘의 뜬구름이나 다름없는 셈입니다.

그리하여 그는 "만약 부를 주관적 노력으로 얻을 수 있
다면 나는 채찍을 들고 귀족들에게 길을 열어 주는 천한 일
이라도 할 수 있다. 하지만 부가 주관적 노력으로 얻을 수 있
는 것이 아니라면 나는 차라리 내가 좋아하는 일을 하겠다!"
라고 말합니다. 원칙을 버려 필연적으로 부를 얻을 수 있으
면 기꺼이 그러겠다는 말은 물론 반어입니다. 어느 정도 운
이 따라 줘야 얻을 수 있는 부를 자기가 마음속으로 믿는 도

덕 원칙을 버리면서까지 추구하는 것이 과연 이득이냐는 질문이 진짜 핵심입니다. 내가 "좋아하는 바"所好는 양심의 원칙만 지키면 누구도 빼앗아 갈 수 없는 진정한 즐거움입니다. 순전히 자신의 행위에 달린 이 내적 즐거움을 희생하면서까지 불확실한 부를 추구해야 하는 걸까요?

마찬가지로 우리는 세상일의 일정한 이치를 이해하고 그 원인과 결과도 어느 정도 알고 있지만, 죽음과 사후의 존재와 귀신은 우리의 이해 범위 밖에 있습니다. 그런데 왜 그렇게 걱정하는 걸까요?

성격으로 운명을 이해하다

「선진」 편의 열여섯째 장입니다.

자공이 물었다. "사와 상 중에 누가 뛰어납니까?" 공자께서 말씀하셨다. "사는 지나치고 상은 미치지 못한다." 자공이 또 물었다. "그러면 사가 더 뛰어납니까?" 공자께서 말씀하셨다. "지나친 것은 미치지 못하는 것과 같다."

子貢問 "師與商也孰賢?" 子曰 "師也過, 商也不及." 曰 "然則師愈與?" 子曰 "過猶不及."

　자공이 공자에게 "자장子張(전손사顓孫師)과 자하(복상卜商) 중에 누가 뛰어납니까?"라고 물었습니다. 『논어』를 읽어보면 이것이 자공의 전형적인 물음임을 알 수 있습니다. 자공은 공자의 제자들 중 인간관계에 호기심이 가장 많았습니다. 그는 자장과 자하 중에 누구를 스승이 더 좋아하는지 알고 싶어 했고 동시에 스승의 의견을 통해 자기에 대한 스승의 관점도 가늠하려 했습니다.

　자공의 숨은 의도를 간파한 공자는 답하길, "일을 할 때 자장은 늘 지나치고 자하는 늘 부족하다"라고 했습니다. 두 사람 다 결점이 있다고 지적한 겁니다. 자공은 이에 대해 스승이 자장은 일을 너무 많이 하고 자하는 일을 너무 적게 한다고 말한 것으로 알아들었습니다. 그렇다면 당연히 많은 게 적은 것보다 나을 것이라고 생각해 "그러면 자장이 더 낫다는 말씀이시죠?"라고 또 물었습니다. 공자는 더욱 명확하게 "지나친 것이나 부족한 것이나 다 좋지 않다"라고 말했습니다.

　이 말에 공자가 담은 뜻은 이렇습니다. 첫째, 너는 이런 비교로 동문들의 서열을 매기지 마라. 둘째, 너처럼 능력과 활동력이 뛰어난 학생은 종종 많은 것이 적은 것보다 낫다고 오해한다. 그러나 그렇지 않다. 진정한 기준은 '중'中이니 지극히 알맞은 것을 말한다. '중'을 이루지 못하면 지나치든 모자라든 문제가 있다.

「선진」편의 그다음 장은 다음과 같습니다.

계씨가 주공보다 부유했는데 염구가 그를 위해 거둬들여 더 보태 주었다. 공자께서 말씀하셨다. "내 제자가 아니다. 너희는 북을 쳐서 그를 성토해도 좋다!"

季氏富於周公, 而求也爲之聚斂而附益之. 子曰 "非吾徒也. 小子鳴鼓而攻之可也!"

노나라는 주공周公의 봉지封地로서 봉건 제도 초기에는 이론적으로 주공의 재산이었습니다. 그런데 공자의 시대에 와서 노나라의 국정은 대부 계씨의 수중에 들어갔고 계씨의 권력과 재산은 노나라 군주를 능가했습니다. 그래서 "계씨가 주공보다 부유했다"라고 한 겁니다. 한편 공자의 제자 염구는 계씨의 가신으로서 그가 백성들을 수탈하는 것을 도와 그를 더 부유하게 만들었습니다. 이 일로 공자는 화가 나서 염구를 문하에서 축출한다고 선포하고 다른 제자들에게 "이런 자는 더 이상 내 제자가 아니다! 너희도 그를 동문으로 생각할 필요가 없으니 북을 쳐서 맹렬히 그를 비판해라!"라고 말했습니다.

그다음 장인 열여덟째 장을 보면 "시柴는 어리석고, 삼參은 꽉 막혔고, 사師는 치우쳤고, 유由는 경솔하다"柴也愚, 參也魯, 師也辟, 由也喭라는 구절이 등장합니다. 비록 '자왈'子曰이라는 말로 시작되지는 않지만 이 구절은 공자가 한 말이 틀림없습니다. 아주 간단명료하게 몇몇 제자의 서로 다른 결점을 지적하고 있습니다. '시'는 고시高柴 혹은 자고子羔를 가리키는데 이 사람은 어리석고 증삼曾參은 꽉 막혔으며 자장(전손사)은 한쪽으로 치우쳤고 자로(유)는 경솔하다는 것이지요.

공자의 만년에 위衛나라에서 큰 난리가 나 아버지와 아들이 군주 자리를 놓고 다퉜는데, 자고와 자로가 이때 위나라 대부의 가신이었습니다. 위나라에 있던 자고는 상황이 심상치 않은 것을 보고 위나라를 떠나는 쪽을 택했습니다. 반면에 위나라 밖에 있던 자로는 소식을 듣자마자 즉시 위나라로 달려왔습니다. 공교롭게도 두 사람은 성 바깥에서 마주쳤는데 이때 자고는 성에 들어가지 말라고 자로를 말렸습니다. 그러나 자로는 말을 듣지 않고 극구 성으로 들어갔습니다. 얼마 후 이 일을 전해 들은 공자는 안색이 창백해지며 걱정스럽게 말했습니다. "큰일이다. 자로가 꼼짝없이 죽게 되었구나." 과연 자로는 성에 들어간 후 피살되고 말았습니다.

공자의 걱정과 예언의 근거는 바로 앞에 나오는, 제자들의 개성에 대한 그의 이해에서 찾아볼 수 있습니다. 자고는 "어리석다"라고 했으니 그렇게 반응이 예민하거나 시야가 넓고 생각이 많은 사람이 아니었습니다. 그런데 이런 사람조차 위험을 느껴 위나라를 탈출했으니 틀림없이 위나라는 대단히 위태로웠을 겁니다. 하필 자로는 대단히 충동적이고 경솔한 인물이었습니다. 충동적인 나머지 자신을 보호할 생각도 하지 못한 채 위나라에 들어갔으며, 경솔한 나머지 상황의 경중도 살피지 않고 위험을 무릅썼으니 어떻게 죽음을 면할 수 있었겠습니까?

「태백」泰伯 편의 셋째 장에는 이런 내용이 나옵니다.

증자께서 병환이 있어 제자들을 불러 말씀하셨다. "내 발을 보고 내 손을 보아라. 『시경』에서 '조심하기를 깊은 연못가에 있듯이 하고 살얼음 위를 걷듯이 하네'라고 했는데 이제 나는 벗어났음을 알겠다, 제군들!"

曾子有疾, 召門弟子曰 "啓予足, 啓予手. 詩云 '戰戰兢兢, 如臨
深淵, 如履薄氷', 而今而後, 吾知免夫, 小子!"

증자(증삼)은 병이 위중하여 죽을 때가 다가오자 자신
의 제자들을 모아 놓고 "내 손을 보고 내 발을 보아라. 『시
경』에서 '깊은 연못가에 서 있는 것처럼, 살얼음판 위를 걷는
것처럼 조심하고 신중해야 한다'라고 했다. 이제야 나는 이
런 염려에서 벗어날 수 있게 되었다, 제군들!"이라고 말했습
니다. 이 말은 삶의 끝에 다다라서야 자신이 재난과 형벌을
피해 무사히 몸을 보전했음을 확인했다는 뜻입니다.

여기에서 우리는 증삼이 "꽉 막혔다"는 공자의 평을 확
인합니다. 그는 융통성이 없고 원칙만을 고수했으며 감히 긴
장을 푸는 적이 없었습니다. 그러다가 죽음을 앞두고서야 겨
우 한숨을 돌린 겁니다.

이번에는 「선진」편의 스무째 장을 보겠습니다.

자장이 선인善人의 도에 관해 물었다. 공자께서 말씀하셨다.
"발자국을 밟지 않고 또 방에 들어가지 않는다."

子張問善人之道. 子曰 "不踐跡, 亦不入於室."

자장이 어떻게 하면 '선인'이 될 수 있느냐고 묻자 공자는 "남의 발자국을 밟고 가지 않고 또 남의 집 방에 들어가지 않는다"라고 답했습니다.

전통적으로 "발자국을 밟지 않는다"不踐跡라는 말은 남의 뒤를 좇지 않거나 맹종하지 않는다는 뜻으로 해석됩니다. 그리고 "방에 들어가지 않는다"不入於室라는 말은 아직 완숙하지 않았다는 뜻입니다. 따라서 전통적인 해석에 따라 이 말을 '선인'에 대한 공자의 논평으로 바꾸면 "'선인'은 맹종하지 않는 사람인데 단지 맹종하지 않는 것만으로는 아직 도덕적 수양이 완숙하지 않다"가 됩니다. 하지만 이 해석은 문제가 많습니다. 그중 하나는 자장이 물은 것이 명백히 "선인의 도"善人之道이지, '선인'이나 '선인이 무엇인가?'가 아니라는 데 있습니다. 그가 알려던 것은 실천 방법인데 공자의 대답은 그것과 전혀 무관합니다. 이어서 두 번째 문제는 이 해석 방법이 '不踐跡'(불천적)과 '不入於室'(불입어실) 사이의 '亦'(역) 자를 완전히 무시하고 있다는 점입니다. 공자의 본래 의도는 의심의 여지 없이 이 두 가지를 나란히 놓는 것이지 그렇게 가르는 것이 아닙니다.

이 말은 공자가 제시하는 수양의 방법으로 이해해야 할

듯합니다. 그는 자장에게 '선인'이 되려면 광명정대해야지, 은밀히 남에게 부끄러운 짓을 해서는 안 된다고 말한 겁니다. 공자는 왜 '발자국을 밟지 않는 것'을 강조했을까요? 남의 발자국을 밟는 것은 자신의 발자국을 숨기는 행위이기 때문입니다. 이런 행위는 공개되지 않은 남의 방에 들어가는 것과 마찬가지로 은밀하며 광명정대하지 못합니다.

아마도 "사(자장)는 치우쳤다"는 공자의 논평과 함께 생각해 보면 이해하기가 더 쉬울 겁니다. 공자는 자장의 결점이, 생각이 다소 편벽되고 비정상적이어서 늘 광명정대한 길로 가지 못하고 어긋난 길로 빠지는 데 있다고 생각했습니다. 그래서 답을 할 때 일부러 광명정대와 공개적인 검증의 중요성을 강조한 것입니다.

진위를 가리는 능력

「선진」 편의 열아홉째 장에서 공자는 "회는 거의 도에 가까운데 쌀독이 자주 비고, 사는 천명을 받아들이지 않고 재물을 늘리나 생각은 자주 들어맞는다"回也其庶乎. 屢空. 賜不受命, 而貨殖焉, 億則屢中라고 말합니다. 여기에서 공자는 안회와 자공을 비교하고 있습니다. 우선 안회는 학문과 도덕 면에서는 "거의 도에 가까운" 사람입니다. 이미 성취를 이루어 상당한 경지에 도달했다는 것이죠. 하지만 현실에서는 늘 빈궁하여 지위도 재산도 없었습니다. 이와 대조적으로 자공은 스승의 가르침대로 본분을 지키며 수양에 열중하는 대신, 바깥에 나가 장사를 했습니다. 그의 수완은 놀라워서 무슨 장사를 해도 큰돈을 벌었습니다.

공자는 자공의 부를 이용해 안회의 가난을 부각시키고 동정했는데 그 말 속에는 공자의 자조 어린 심정도 깃들어 있습니다. 말 잘 듣고 노력하는 제자는 "쌀독이 자주 비고" 말 듣지 않고 노력하지 않는 제자는 장사로 세속적 부를 획득한 겁니다. 이 상황은 무엇을 의미할까요? 공자의 가르침이 현실에서는 쓸모가 없음을, 또한 학문과 도덕에서 이룬 성취가 세속의 부와는 필연적인 관계가 없음을 의미합니다.

그러면 자공은 나쁜 제자였을까요? 그렇지 않습니다. 우리는 한두 가지 자료로 일방적인 판단을 내려서는 안 됩니다. 자공의 '원죄'는 그가 장사를 잘하고 큰돈을 벌어서 안회와 가장 극명하게 대조를 이룬 겁니다. 그래서 공자는 안회를 칭찬하고 그의 가난에 분노할 때 자연스레 자공이 떠올랐습니다. 이처럼 공자는 일시적인 감정으로 그 말을 한 것이기 때문에 정말로 자공이 나쁜 제자였던 것은 아니며, 당연히 그 말이 자공에 대한 공자의 일관되고 고정된 관점을 보여 주지도 않습니다.

전통적인 학자들은 공자가 인간적인 성미와 감정을 가진 사람임을 인정할 수도 없고, 인정하고 싶지도 않았으므로 공자가 그렇게 자공을 폄훼했을 리가 없다고 주장했습니다. 그래서 '不受命'(불수명), 이 세 글자를 붙들고 이러쿵저러쿵 논의를 펼쳐, 자공에 대한 공자의 평을 억지로 긍정적으로 해석했습니다. 이런 식의 해석은 너무 어색합니다. 사실 관점을 인간 본위로 돌리기만 하면 공자가 이렇게 말한 뜻이 무엇인지 쉽게 상상할 수 있습니다. 공자는 안회를 사랑한 나머지 그의 가난한 처지를 안타까워했습니다. 그런데 그럴 때마다 공자의 마음속에 제일 먼저 떠오른 사람은 안회와는 정반대로 부유하기 그지없는 자공이었습니다. 공자는 아무리 생각해도 안회는 그토록 가난한데 자공은 또 그토록 부유한 것이 이해가 가지 않았습니다. 이럴 때 자공은 재수 없게도 반면교사로 쓰인 겁니다.

공자는 「선진」 편 스물한째 장에서는 "말이 독실한 사람은 군자인가, 겉만 장중한 사람인가?"論篤是與, 君子者乎? 色莊者乎?라고 말했습니다. 여기에서 그는 사람을 겉만 봐서는 안 되며 말만으로 사람을 판단해서는 더더욱 안 된다고 재차 일깨웁니다. 우리는 보통 과장 없이 착실하게 말하는 사람을 칭찬하곤 합니다. 그러나 좀 더 깊이 생각해 봅시다. 그런 사람은 정말로 내면의 수양이 두터운 걸까요, 아니면 그저 표정과 말투를 그렇게 꾸미고 있는 걸까요?

점잔을 빼고 오직 이치만 논하는 것은 어려운 일이 아닙니다. 정말 어려운 것은 그런 이치들을 진심으로 믿고 자신의 인품으로 실현하는 겁니다. '군자'와 '겉만 장중한 사람'의 가장 큰 차이는, 전자는 어렵고 후자는 쉬우며, 또 전자는 겉과 속이 같은데 후자는 겉만 있고 속이 없다는 데 있습니다. 이렇기 때문에 우리는 자세히 관찰하고 분별해야 합니다.

다음은 「위령공」편의 스물다섯째 장입니다.

공자께서 말씀하셨다. "내가 남을 대할 때 누구를 헐뜯고 누구를 칭찬하겠는가? 만약 누구를 칭찬한다면 시험한 바가 있어서다. 그 백성은 삼대三代의 올바른 도를 실행하였다."

子曰 "吾之於人也, 誰毀誰譽? 如有所譽者, 其有所試矣. 斯民也, 三代之所以直道而行也."

이 장은 공자의 태도를 가장 분명하게 드러냅니다. 공자는 "다른 사람들 가운데 나는 누구를 헐뜯고 누구를 칭찬하는가?"라고 묻습니다. 이런 질문법은 지금껏 부당하게 남을 헐뜯거나 칭찬한 적이 없다는 공자의 자부심을 보여 줍니다. 그런데 자신이 그럴 수 있었던 이유에 대해 그는 "내가 누군가를 칭찬하면 그는 나의 관찰과 시험을 거친 사람임이 분명하다. 내가 겉만 보고 말만 들었을 리는 없다. 또한 내가 남을 칭찬하는 기준은 그 사람의 행동이 하나라, 상나라, 주나라, 이 삼대의 올바른 도를 원칙으로 삼아 실천하고 있느냐는 것이다"라고 말했습니다.

공자가 본 춘추 시대의 병폐 가운데 가장 심각한 것은 외적인 행위와 내적인 신념의 분리였습니다. 여기에서 갖가지 협잡이 파생되었습니다. 따라서 그런 시대에 가장 필요한 능력은 진위를 가리는 한편, 겉과 속이 같은지 끊임없이 규명하는 것이었습니다.

답은 하나가 아니다

「선진」편 스물두째 장입니다.

자로가 물었다. "들으면 바로 행해야 합니까?" 공자께서 말씀하셨다. "부형父兄이 있는데 어찌 듣고 바로 행하겠느냐?" 염유가 물었다. "들으면 바로 행해야 합니까?" 공자께서 말씀하셨다. "들으면 바로 행하여라." 공서화가 물었다. "유가 들으면 바로 행해야 하느냐고 물었을 때 스승님은 '부형이 있다'고 하셨고 구가 들으면 바로 행해야 하느냐고 물었을 때는 스승님은 '들으면 바로 행하여라'라고 말씀하셨습니다. 제가 혼란스러워 감히 여쭙겠습니다." 공자께서 말씀하셨다. "구는 물러나는 성격이라 격려한 것이고, 유는 두 사람 역할을 하므로 물러나게 했다."

子路問 "聞斯行諸?" 子曰 "有父兄在, 如之何其聞斯行之?" 冉有問 "聞斯行諸?" 子曰 "聞斯行之." 公西華曰 "由也問聞斯行諸, 子曰 '有父兄在', 求也問聞斯行諸, 子曰 '聞斯行之.' 赤也惑, 敢問." 子曰 "求也退, 故進之. 由也兼人, 故退之."

이 장은 매우 쉽고 의미가 분명합니다. 자로와 염유가 차례로 공자에게 완전히 똑같은 질문을 합니다. "말을 들으면 바로 행해야 합니까?"라는 질문이었습니다. 그런데 공자는 각기 다른 답을 내놓습니다. 자로에게는 "어른이 계시니 의견을 여쭤 봐야 하지 않느냐? 어찌 듣자마자 행하겠느냐?"라고 답했고, 염유에게는 "옳다. 들으면 바로 행해야지"라고 답했습니다. 당시 공서화는 공자 옆에 가장 자주 있던 제자여서 그 두 번의 문답을 다 들었습니다. 당연히 무척 당황스러웠을 겁니다. 그래서 왜 다른 대답을 했는지 물으니 공자는 "염유는 성격이 소극적인 편이어서 망설이지 말라고 격려한 것이고, 자로는 성격이 충동적이고 늘 혼자 두 사람 몫의 일을 하려고 해서 다소 늦춰 준 것이다"라고 설명했습니다.

이는 이른바 '인재시교'因材施教로서 인물에 맞게 가르치는 교육 방식입니다. 진정한 교육에는 정답이 없습니다. 그리고 정답이 아닌 답을 제자들에게 내줄 수 있는 사람만이 스승이 될 자격이 있습니다.

이어서 다음 장을 보겠습니다.

공자께서 광匡에서 위험에 처했을 때 안연이 뒤늦게 나타났다. 공자께서 말씀하셨다. "나는 네가 죽은 줄 알았다." 안연이 말했다. "스승님이 살아 계시는데 제가 어찌 감히 죽겠습니까?"

子畏於匡, 顔淵後. 子曰 "吾以女爲死矣." 曰 "子在, 回何敢死?"

『사기』「공자세가」를 보면 공자가 위衛나라를 떠나 진陳나라로 가는 길에 '광'匡이라는 곳을 지나다가 겪은 이야기가 나옵니다. 그곳 사람들은 공자를 노나라 대부 양화陽貨로 오인했습니다. 양화는 과거에 자신들을 핍박하고 학살한 원수였으므로 그들은 공자 일행을 겹겹이 에워쌌습니다. 공자를 가두려고 했겠지요. 이것이 "공자께서 광에서 위험에 처한" 상황이었습니다.

「자한」편의 다섯째 장도 살펴보겠습니다.

공자께서 광에서 위험에 처했을 때 말씀하셨다. "문왕文王이 이미 돌아가셨지만 문화는 내게 있지 않은가? 하늘이 장차 이 문화를 없애고자 한다면 뒤에 죽는 자들은 이 문화에 관여할 수 없지만, 하늘이 이 문화를 없애고자 하지 않는다면 광 사람들이 나를 어쩌겠는가?"

子畏於匡, 曰 "文王旣沒, 文不在玆乎? 天之將喪斯文也, 後死者不得與於斯文也. 天之未喪斯文也, 匡人其如予何?"

　광에서 포위되었을 때 공자는 또 말하길, "문왕이 죽은 뒤, 주나라의 문화가 내게 전해져 내가 책임지고 있지 않은가? 만약 하늘이 이 문화를 없애려 한다면 나 같은 후손들은 이 문화를 익히고 받아들일 기회가 없겠지만, 하늘이 이 문화를 계속 유지시키려 한다면 광 사람들이 나를 어찌할 수 있겠는가?"라고 했습니다.

　우리는 여기에서 한편으로 공자의 자부심을 확인할 수 있습니다. 그는 자신이 주나라 문화의 계승자로서 하늘이 택한 사람이라고 믿었습니다. 그런데 다른 한편으로 우리는 그 과장된 자부심 속에서 공자의 두려움을 간파해야 합니다. 그는 뭔가 이유를 찾아 자신을 위로하고 설득해야 했습니다. 그 결과, '상황은 그렇게 나쁘지 않다. 하늘은 문화의 개혁을 맡은 나를 보우해 주실 것이다. 광 사람들이 나를 해치게 가만 놔두실 리 없다'라는 결론에 이른 겁니다. 여기에는 절망 속에서 억지로 희망을 유지하려는 비극적 정서가 담겨 있습니다. 당시 상황이 정말 두렵고 급박하기는 했나 봅니다.

　가까스로 광 지역에서 도망쳐 나와 아직 정신이 없을 때, 안회가 맨 뒤에서 가장 늦게 나타났습니다. 안회를 보자마자 공자는 솔직하게 염려하는 마음을 표현합니다. "아, 나는 네가 죽었다고 생각했다!"라고 말입니다. 이에 안회는 진지하면서도 다소 유머러스하게 "스승님이 아직 살아 계시는데 제가 어떻게 감히 죽겠습니까?"라고 답합니다. 큰 재난을 면한 뒤의 절절한 감정이 생생하게 드러나는 대화입니다.

다음은 「선진」 편의 스물다섯째 장입니다.

자로가 자고를 시켜 비費를 다스리게 했다. 이에 공자께서 말씀하셨다. "남의 자식을 해치는구나." 자로가 말했다. "백성도 있고 땅과 곡식도 있는데 어떻게 꼭 책을 읽어야 배움이겠습니까?" 공자께서 말씀하셨다. "이래서 말재간 좋은 자를 싫어하는 것이다."

子路使子羔爲費宰. 子曰 "賊夫人之子." 子路曰 "有民人焉, 有社稷焉, 何必讀書, 然後爲學?" 子曰 "是故惡夫佞者."

자로가 대부의 가신일 때 자고에게 '비' 지역을 다스리게 했습니다. 공자는 이것이 못마땅해 자로를 꾸짖으며 "남의 집 자식을 해치는 짓이다"라고 했습니다.

공자는 당시의 시국뿐만 아니라 제자의 개성과 능력까

지 꿰뚫고 있었습니다. 그래서 자고가 '비'처럼 민감하고 복잡한 지역을 다스리기에는 적합하지 않다고 즉시 판단을 내린 겁니다. 자로도 똑똑한 사람이니 스승의 입장을 이해하지 못했을 리 없습니다. 그는 변명하듯이 "그곳에는 백성과 땅과 곡식이 있어 역시 배울 것이 있습니다. 책을 읽는 것만이 배움은 아니지 않습니까?"라고 말했습니다. 이 말의 속뜻은 자고가 평소에 공부를 잘하지 못했다는 이유로 직책을 감당하지 못할 것이라고 생각하면 안 된다는 겁니다. '비'를 다스리는 업무에서도 배울 수가 있다는 것이지요.

그러나 단박에 자로의 의중을 간파한 공자는 직접적으로 "이래서 내가 말재간 좋은 자를 싫어하는 것이다"라고 말했습니다. 자로가 교묘한 말로 억지를 부리고 있음을 지적한 겁니다. 공자는 자고가 그런 일을 감당하지 못해 자신뿐만 아니라 '비'의 백성까지 해치리라 생각했습니다. 자로는 이런 스승의 생각을 알면서도 갑자기 화제를 옮겨 '비'의 백성, 땅, 식량을 관리하는 것도 하나의 배움이라고 말했습니다. '말재간'의 가장 좋지 않은 효과는 이치를 더 이야기하지 못하게 만드는 겁니다. 공자는 자로와 '배움'爲學이 무엇인지 논의하지 않았습니다. 그것이 핵심은 아니었기 때문입니다. 공자는 그 말재간 좋은 자와 더 이상 길게 이야기하지 않았습

168

니다.

제자들의 바람

「선진」편의 마지막 장은『논어』전체에서 가장 긴 장입니다. 나누어 살펴보겠습니다.

자로, 증석, 염유, 공서화가 모시고 앉아 있었다. 공자께서 말씀하셨다. "내가 너희보다 하루라도 나이가 많다고 해서 어려워하지 마라. 평소에 '나를 알아주는 사람이 없다!'고들 하는데 만약 누가 너희를 알아주면 어떻게 하겠느냐?"

子路, 曾晳, 冉有, 公西華侍坐. 子曰 "以吾一日長乎爾, 毋吾以也. 居則曰 '不吾知也!' 如或知爾, 則何以哉?"

네 명의 제자가 옆에 앉아 있었을 때 공자가 "내가 너희보다 나이가 많다는 이유로 너희와 다르고 너희를 이해하지 못한다고 생각하지 마라. 너희는 평소에 '나를 알아주는 사람이 없구나!'라고 개탄하곤 하는데, 만약 누가 너희를 이해해 주고, 믿어 주고, 중용하고자 하면 너희는 무슨 일을 하겠느냐?"라고 물었습니다.

자로가 불쑥 나서서 답했다. "천승千乘의 나라●가 대국들 사이에 끼어 있고 이웃 나라 군대가 쳐들어오는 데다 기근까지 들었어도 제가 다스리면 삼 년 만에 백성이 용감하면서도 바른 도를 알게 만들 수 있습니다." 이에 공자께서 미소를 지었다.

子路率爾而對曰 "千乘之國, 攝乎大國之間, 加之以師旅, 因之以饑饉, 由也爲之, 比及三年, 可使有勇, 且知方也." 夫子哂之.

맨 처음으로 질문에 답한 사람은 당연히 급하고 충동적인 성격의 자로였습니다. 그는 생각조차 해 보지 않고 "천승의 병거를 가진 중간 규모의 나라가 대국들 사이에 끼어 있고 밖으로는 외국 군대의 위협이, 안으로는 굶주림이 심각하다면, 저는 다스린 지 삼 년 만에 그 나라 백성을 용감하게 하고 규율을 잘 지키게 만들 수 있습니다"라고 말했습니다. 이에 공자는 미소를 지었습니다.

"구야, 너는 어떠하냐?" 대답해 말했다. "사방 육칠십 리나

＊병거(兵車) 천 대를 징발할 수 있는 나라를 뜻함. 1만 승을 징발할 수 있으면 대국이라고 했다.

오륙십 리의 나라라면 제가 다스려서 삼 년에 백성을 풍족하게 만들 수 있지만 예악은 군자를 기다리겠습니다."

"求, 爾何如?" 對曰 "方六七十, 如五六十, 求也爲之, 比及三年, 可使足民, 如其禮樂, 以俟君子."

나머지 세 제자는 그렇게 자신이 있거나 적극적이지는 않아서 스승이 호명하고서야 답을 말했습니다. 먼저 호명을 당한 염유(염구)는 "국토가 사방 60~70리나 50~60리 정도 되는 소국이 주어져 제가 다스린다면 삼 년에 백성을 배불리 먹고 살게 할 수 있습니다. 그리고 예악을 발전시키는 일은 제가 자신이 없으므로 더 좋은 자격을 지닌 군자에게 넘겨 관장하게 하겠습니다"라고 답했습니다.

공자는 그다음에 공서화(적)를 지명했습니다. 그의 대답은 더 겸손했습니다.

"적아, 너는 어떠하냐?" 대답해 말했다. "해낼 수 있다고는 말씀드리지 못하고 배우기를 원합니다. 종묘의 제사나 제후의 회동에서 현단玄端(검은 예복)과 장보章甫(검은 예관) 차림으로 말단 벼슬아치 노릇을 하고 싶습니다."

"赤, 爾何如?" 對曰 "非曰能之, 願學焉. 宗廟之事, 如會同, 端
章甫, 願爲小相焉."

공서화는 "감히 제가 해낼 수 있다고는 말씀드리지 못
하겠습니다. 다만 기회가 생긴다면 열심히 배우고자 합니다.
종묘의 제사나 다른 나라와의 회동에서 정식으로 예복을 입
고 말단 벼슬아치의 역할을 하고 싶습니다"라고 말했습니다.
　아직 대답하지 않은 사람은 증점 曾點(증석)뿐이었습
니다.

"점아, 너는 어떠하냐?" 거문고를 타던 소리가 잦아들더
니 쟁그랑 소리가 들렸다. 증석이 거문고를 놓고 일어나 대
답해 말했다. "저 세 사람의 포부와는 다릅니다." 공자께
서 말씀하셨다. "무엇이 걱정이냐? 역시 각자 뜻을 말한 것
이다." 증석이 말했다. "늦봄에 봄옷이 지어지면 관례를 치
른 대여섯 명, 동자 예닐곱 명과 함께 기수沂水에서 목욕하
고 무우舞雩(기우제를 지내는 제단 이름)에서 바람을 쐰 뒤 노래
를 하며 돌아오겠습니다." 공자께서 감탄하며 말씀하셨다.
"나는 너와 함께하겠다."

"點, 爾何如?" 鼓瑟希, 鏗爾, 舍瑟而作, 對曰 "異乎三子者之
撰." 子曰 "何傷乎? 亦各言其志也." 曰 "莫春者, 春服既成, 冠
者五六人, 童子六七人, 浴乎沂, 風乎舞雩, 詠而歸." 夫子喟然
歎曰 "吾與點也."

증점이 마지막으로 답한 첫 번째 이유는 한쪽에서 거문
고를 타고 있었기 때문입니다. 스승이 자기 이름을 부르자
그는 천천히 거문고 연주를 멈추고는 현의 떨림이 그친 뒤에
야 거문고를 놓고 일어서서 "그런데 제 생각은 다른 세 사람
과 많이 다릅니다"라고 말했습니다. 이것이 그가 뒤늦게 답
한 두 번째 이유였습니다. 사실 서둘러 답한 자로의 영향을
받아 염유와 공서화까지 모두 자신들이 나라를 다스린다면
어떤 일을 할 것인지 답한 상태였습니다. 이때 공자는 그에
게 "그게 무슨 상관이더냐. 나는 본래 너희에게 각자의 바람
과 기대를 말하라고 하였다"라고 격려했습니다.

그제야 증점은 자신의 바람에 관해 입을 열었습니다. 그
는 "늦봄에 날씨가 따뜻할 때 얇은 봄옷을 입고 대여섯 명의
젊은이와 예닐곱 명의 아이와 함께 기수 강변에 가서 목욕을
하겠습니다. 그런 다음에는 무우에서 바람을 쐬어 몸을 말린

뒤, 노래를 부르며 집으로 돌아오겠습니다"라고 말했습니다. 그가 말을 마치자 공자는 장탄식을 하고는 "나는 증점의 바람이 좋구나"라고 말했습니다.

네 제자의 성격을 보여 주는 빼어난 문답이 끝나고도 이야기는 끝나지 않습니다.

세 사람이 나가고 증석이 뒤에 남았다. 증석이 물었다. "세 사람의 말이 어떠합니까?" 공자께서 말씀하셨다. "역시 각자의 뜻을 말했을 뿐이다." 증석이 말했다. "스승님은 어째서 유의 말에 웃으셨습니까?" 공자께서 말씀하셨다. "나라는 예로써 다스려야 하는데 그의 말에 겸양이 없어 그것을 웃은 것이다." "구가 말한 것은 나라를 다스리는 것이 아니었습니까?" "어찌 사방 육칠십 리, 오륙십 리라고 해서 나라가 아니겠느냐?" "적이 말한 것은 나라를 다스리는 것이 아니었습니까?" "종묘와 회동이 나랏일이 아니면 무엇이겠느냐? 적이 말단 벼슬아치를 한다면 누가 큰 벼슬아치를 할 수 있겠느냐?"

三子者出, 曾晳後. 曾晳曰 "夫三子者之言何如?" 子曰 "亦各言其志也已矣." 曰 "夫子何哂由也?" 曰 "爲國以禮, 其言不讓,

是故哂之." "唯求則非邦也與?" "安見方六七十如五六十而非

邦也者?" "唯赤則非邦也與?" "宗廟會同, 非諸侯而何? 赤也

爲之小, 孰能爲之大?"

　다른 세 제자가 밖으로 나가고 증점만 스승 곁에 남았습니다. 그는 참지 못하고 스승에게 다른 세 제자의 바람에 대한 의견을 묻습니다. 공자는 처음에는 대답하지 않고 방금 전 그에게 했던 말만 되풀이합니다. "각자의 바람과 기대를 말하였을 뿐이다"라고 말입니다. 즉 세 명의 대답이 옳고 그름과 높고 낮음의 구분이 없었다는 뜻입니다.

　그러나 증점은 궁금한 나머지 왜 자로가 말을 마쳤을 때 스승이 미소를 지었는지, 혹시 그가 잘못 말했기 때문에 그랬는지 물었습니다. 이에 대해 공자는 "그의 바람은 나라를 다스리는 것인데 나라를 잘 다스리려면 예를 따라야 한다. 그런데 그 자신은 우쭐대는 말투에 사양과 겸손이 없어서 웃은 것이다"라고 설명했습니다.

　자로의 바람이 나라를 다스리는 것이라는 스승의 말을 듣고서 증점은 의아해하며 "그런데 염유는 나라를 다스리는 것에 관해 말한 게 아닙니까?"라고 물었습니다. 그러자 공자는 "사방 60~70리나 50~60리의 땅이 어떻게 나라가 아니겠느냐?"라고 답했습니다. 증점은 또 "그러면 공서화는 나라를 다스리는 것에 관해 말한 게 아닙니까?"라고 물었습니다. 공자는 이번에는 "종묘를 관리하고 또 나라 간의 회동이 있다면 이것이 나라가 아니고 무엇이겠느냐? 공서화는 겸손하게 말단 벼슬아치가 되겠다고 했는데, 만약 그가 말단 벼슬아치밖에 할 수 없다면 누가 큰 벼슬아치가 될 자격이 있겠느냐?"라고 답했습니다.

공자는 제자들의 성취를 이처럼 너그러이 포용하고 흐뭇해했습니다. 그는 증점을 신통치 못하다고 꾸짖지 않았을 뿐만 아니라 오히려 그의 바람을 칭찬했습니다. 또한 다른 세 사람의 바람이 사실은 크고 작은 구별이 없어서 각자의 경향과 능력에 따라 노력하기만 하면 모두 똑같이 가치 있는 것이라고 특별히 증점에게 설명해 주었습니다.

$$\widehat{결론}$$

스승에게는 정답이 없었다

「선진」 편을 중심으로 일부 다른 편의 내용을 곁들여 『논어』를 골라 읽어 보았습니다. 그리고 이런 읽기를 통해 어떤 가치를 뚜렷하게 나타낼 수 있었습니다. 그것은 『논어』를 추상적인 이치로 받아들여 암송하기보다는 『논어』를 통해 춘추 시대의 특수한 상황, 공자라는 훌륭한 인물 그리고 그가 시대의 격변 앞에서 내놓은 갖가지 주장과 함께, 그 주장들에 통합된 근본 신념들을 살피는 편이 낫다는 사실입니다.

이 방법을 사용하면 『논어』를 읽을 때마다 어김없이 흥분과 놀라움을 느낄 수 있을 겁니다. 어떻게 공자 같은 인물과 그런 개성이 존재할 수 있었는지, 또 그는 어떻게 그런 안목으로 인생과 세상을 바라보고 지혜가 가득한 언어를 토해 낼 수 있었는지 경탄을 금치 못할 겁니다. 공자는 우리보다 강력하고 지혜로운 인물이었습니다. 우리는 그의 강력함과 지혜에 감화되어야지, 단지 그의 생각과 말을 흉내 내어 우리 시대에 대응하고 우리의 현실 문제를 처리하려고만 해서는 안 될 것입니다.

역자 후기
자공의 눈에 비친 공자

아직 아침저녁으로 바람이 쌀쌀한 봄날, 공자는 지팡이
에 노구를 의지한 채 대문 앞을 서성이고 있었다. 병환이 더
깊어질까 걱정하는 제자들의 만류도 아랑곳하지 않았다. 그
렇게 며칠째 하루 종일 밖에 나와 누군가를 하염없이 기다렸
다. 그는 아무 말도 하지 않았지만 사람들은 알고 있었다. 그
가 외국에 사신으로 나간 자공이 돌아오기를 기다리고 있음
을. 일찍이 안회가 병사하고 일 년 전에는 친구처럼 허물없
던 제자 자로까지 비참하게 전사한 뒤, 공자에게 남은 애제
자는 자공밖에 없었다.

마침내 자공이 가쁜 숨을 몰아쉬며 달려왔을 때 공자는

눈물을 글썽이며 그를 원망했다.

"사賜야, 너는 어찌 이렇게 늦게 왔느냐?"

서둘러 절을 올리고 스승의 노안을 확인하자마자 자공은 소스라치게 놀랐다. 파리한 스승의 얼굴에 어느새 죽음의 그림자가 짙게 드리워져 있었던 것이다. 하긴 스승은 이미 일흔셋의 고령이었다. 그와 동시대에 활약했던 전국의 제후와 대부 중 아직까지 살아 있는 인물은 극히 드물었다. 더구나 그는 한때 제자들과 14년간 천하를 주유하며 숱하게 죽을 고비를 넘지 않았던가.

공자는 뜨거운 눈물을 흘리며 떨리는 손을 자공의 어깨에 얹고 말했다.

"천하에 도가 없어진 지 오래되었는데 아무도 나를 믿지 않는구나!"

자공은 묵묵히 공자를 부축해 침소로 옮겼고 그는 그로부터 이레 만인 애공 16년(기원전 479) 4월 기축일에 숨을 거뒀다.

천생 이재에 밝고 구변이 뛰어나 공자에게 적잖이 핀잔을 들었던 자공은 공자의 무덤 옆에 초막을 짓고 6년이나 그곳에 머물렀다. 살아생전에 자식보다 제자들을 더 아꼈던 스승의 은혜에 보답하기 위해서였다. 그 후 자공은 노나라를 떠나 위나라에 가서 벼슬을 하다가 제나라에서 세상을 떠났다.

공자는 생전에 제후들에게 중용되지 못했지만 사후에 점점 더 신화적인 인물이 되어 갔다. 그가 살던 집과 제자들이 쓰던 내실은 묘당으로 만들어져 그가 쓰던 수레, 책, 의복 등이 전시된 채 한나라 때까지 무려 2백 년이나 보존되었고, 한나라 무제 이후에는 '대성지성선사'大成至聖先師로 추존되어 대대손손 성인으로 추앙을 받았다.

하지만 성인이 된 공자는 자공이 기억하는 공자와는 거리가 멀었다. 자공이 상복을 입고 고기와 술을 멀리하며 밤낮으로 그리워하던 공자는 완벽한 인격자도, 진리의 확성기도 아니었다. 단지 배움 그 자체를 즐기고 어지러운 세상에 예를 회복시키려 했던, 진실하고 다면적인 한 인간이었다. 나아가 공자가 살아났더라도 자신에게 덧씌워진 성인의 후광을 결코 받아들이지 않았을 것이다.

후대의 위정자들이 그를 성인으로 만든 것은 자신들이 수립한 제도의 아이콘으로 삼기 위해서였다. 하지만 그들이 만든 제도는 진나라의 제도 혹은 한나라의 제도로서, 공자가 생전에 생각조차 못했고 좋아할 리도 없었던 중앙집권적 군국제도였다. 공자가 그렇게 평생을 걸고 회복하려 했던 주나라의 제도가 아니었다.

양자오는 이 책 『논어를 읽다』에서 성인 공자를 인간 공자로 되돌려 놓는다. 우리는 이 책을 통해 2,500년 전 그 스산한 봄날, 먼 길을 달려온 자공의 눈에 비친 공자의 진실한 초상을 확인하게 될 것이다.

2015. 6. 1.
김택규

논어를 읽다
: 공자와 그의 말을 공부하는 첫걸음

2015년 6월 24일   초판 1쇄 발행
2021년 2월 24일   초판 2쇄 발행

지은이   **옮긴이**
양자오   김택규

펴낸이   **펴낸곳**   **등록**
조성웅   도서출판 유유   제406-2010-000032호(2010년 4월 2일)

                주소
                경기도 파주시 책향기로 337, 301-704 (우편번호 10884)

전화   **팩스**   **홈페이지**   **전자우편**
031-957-6869   0303-3444-4645   uupress.co.kr   uupress@gmail.com

                페이스북   **트위터**   **인스타그램**
                www.facebook   www.twitter   www.instagram
                .com/uupress   .com/uu_press   .com/uupress

편집   **디자인**   **마케팅**
이경민   이기준   송세영

제작   **인쇄**   **제책**   **물류**
제이오   (주)민언프린텍   (주)정문바인텍   책과일터

ISBN 979-11-85152-33-2 04150
       979-11-85152-02-8 (세트)

이 도서의 국립중앙도서관 출판예정도서목록(CIP)은 서지정보유통지원시스템
홈페이지(seoji.nl.go.kr)와 국가자료공동목록시스템(www.nl.go.kr/kolisnet)에서
이용하실 수 있습니다.(CIP제어번호: CIP2015015542)

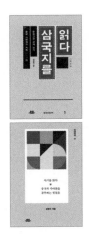

고전

동양고전강의 시리즈

삼국지를 읽다
중국 사학계의 거목 여사면의 문학고전
고쳐 읽기

여사면 지음, 정병윤 옮김

중국 근대사학계의 거목이 대중을
위해 쓴 역사교양서. 이 책은 조조에
대한 새로운 관점을 처음 드러낸
다시 읽기의 고전으로, 자기 자신의
눈으로 문학과 역사를 보아야
한다고 역설하는 노학자의 진중함이
글 곳곳에 깊이 새겨져 있다.

사기를 읽다
중국과 사마천을 공부하는 법

김영수 지음

28년째 『사기』와 그 저자 사마천을
연구해 온 『사기』 전문가의 『사기』
입문서. 강의를 모은 책이라 쉽고
재미있게 읽을 수 있다. 지금까지
중국을 130여 차례 답사하며 역사의
현장을 일일이 확인하고, 그 경험을
바탕으로 연구한 전문가의 강의답게
현장감 넘치는 일화와 생생한 지식이
가득하다. 『사기』에 관심이 있는
독자라면 남녀노소 누구나 어렵지
않게 읽을 수 있는 교양서.

노자를 읽다
전쟁의 시대에서 끌어낸 생존의 지혜
양자오 지음. 정병윤 옮김

신비에 싸여 다가가기 어렵다고
여겨지는 고전 『노자』를 문자 그대로
읽고 사색함으로써 좀 더 본질에
다가가고자 시도한 책. 양자오는
『노자』를 둘러싼 베일을 거둬 내고
본문의 단어와 문장 자체에 집중한다.
그렇게 하여 『노자』가 나온 시기를
새롭게 점검하고, 거기서 끌어낸
결론을 바탕으로 『노자』가 고대
중국의 주류가 아닌 비주류 문화인
개인주의적 은자 문화에서 나온
책이라고 주장한다. 더불어 『노자』의
간결한 문장은 전쟁을 종결하고
백성을 편하게 하고자 군주에게 직접
던지는 말이며, 이 또한 난무하는
제자백가의 주장 속에서 살아남기
위한 전략이라고 말한다.

장자를 읽다
쓸모없음의 쓸모를 생각하는 법
양자오 지음. 문현선 옮김

무너진 왕조의 몰락한 후예,
홀대당하는 비주류 문화의 계승자인
장자는 주류 문화의 가치를 조롱하고
인간 세상 밖의 커다란 세계와
가치관에 대해 의견을 펼치는 책
『장자』를 썼다. 양자오는 『장자를
읽다』에서 중국의 비주류 문화에
대한 논의를 한 걸음 더 전진시킨다.
우선 책의 앞머리에서 고대 중국의
주류 문화와 비주류 문화의 간극을
설명하고, 거기에서 장자와 저서
『장자』가 차지하는 자리를 설정한다.
그런 다음 장자의 역사 배경과
사상 배경을 훑고 허세를 부리는
듯한 우화와 정신없이 쏟아지는
궤변, 신랄한 어조를 뚫고 독자에게
『장자』의 핵심에 접근하는 방법을
알려 준다. 독자는 중국의 문화
전통에서 밀려 잊혔던 하나의 커다란
맥을 이해하고 새롭게 중국 철학과
중국 남방 문화를 일별하는 기회를
얻는 동시에 다시금 '기울어 가는
시대'를 고민하는 기회를 갖게
될 것이다.

맹자를 읽다
언어의 투사 맹자를 공부하는 법
양자오 지음, 김결 옮김

유가의 이념을 설파하는 위대한 성인
맹자를 추앙하고 그 사상을 설명하는
책이 아니다. 양자오는 여태 우리가
간과했던 맹자의 '말솜씨'를 콕
찍어 끌어낸다. 중국 전국 시대에
이미 낡은 것으로 치부되던 유가의
사상을 견지하고, 인간을 믿었던
맹자는 빼어난 말솜씨로 각국의 왕을
설득하여 전쟁을 멈추고 사람이 살 수
있는 나라를 만들고자 노력한다.
웅변의 시대에 홀로 선 투사로서.

묵자를 읽다
생활 밀착형 서민 철학자를 이해하는 법
양자오 지음, 류방승 옮김

봉건 제도가 무너지기 시작한
난세, 중국 춘추 시대. 유가는
이 난세가 봉건 질서의 붕괴에서
비롯되었으므로, 예교禮敎를 다시 세워
세상을 바로잡아야 한다고 외쳤다.
그러나 서민 계급 출신의 묵자는
봉건 사회의 예교 자체가 난세의
근원이라고 주장했다. 거칠 것 없는
웅변가인 묵자는 '겸애'를 무기로
유가 진영에 맹렬한 공격을 퍼부으며,
봉건 제도의 예교를 지지하는
이들의 언행불일치와 모순을 비웃고
비난했다. 그리고 묵자와 그의
제자들은 자신들의 신념을 실천으로
증명하고자 중국 각지를 뛰어다녔고,
난세 속에서 묵가가 지닌 합리성을
확실하게 보여 주었다.
언제나 고전에 대한 개성적인
독법으로 독자에게 고전을 읽는
또 다른 길을 안내하는 타이완의
지식인 양자오는 이 책에서도 묵가의
독특한 논변 방식을 새롭게 조명하고,
그들의 소박한 사상과 실천이
가져오는 참신함이 묵가를 유가와
함께 '뛰어난 학문'으로 이름 나게
하였음을 밝힌다.

순자를 읽다
유가를 중국 사상의 주류로 만든
순자를 공부하는 첫걸음

양자오 지음, 김택규 옮김

200년간 지속된 전국시대 후기,
진나라의 통일이 가까워 오던 시대에
본분과 실용을 중시한 순자는 유가를
시대에 맞는 맥락으로 유연하게
변모시켜 급변하는 사회에서도
살아남을 수 있는 튼튼한 체질로
만들었다. 자신과 다른 시각을 가진
유가 내 다른 문파를 신랄히 공격하기도
했고, 무엇보다 예와 법의 절대적
구분을 제거하고 유가와 법가 사이의
차이도 제거했다. 하지만 당시 공자와
맹자의 사상이 법가와 혼동되는 것은
절대 금물이었고, 때문에 순자는
당시에는 영향력을 발휘했지만 후대
유가 전통에서는 제대로 인정받지
못했다. 이 책은 순자가 어떤 시대, 어떤
환경에서 어떤 문제에 부딪혀 자신의
사상을 발전시켰는지를 일러 줌으로써
순자 사상의 진정한 가치를 배우게 하고
순자에게 공정한 평가를 돌려준다.

전국책을 읽다
국경과 계급을 초월한 모략서를
공부하는 첫걸음

양자오 지음, 김택규 옮김

『전국책』은 중국 한나라의 학자
유향이 황실 서고에서 발견한
여러 권의 책을 나라별로 묶고
연대순으로 정리해 엮어 낸 책이다.
기원전 403년부터 진나라가 중국을
통일한 기원전 221년까지 이어졌던
전국시대에 종횡가 책사들이
제후에게 논한 책략이 기록되어
있다. 양자오의 『전국책을 읽다』는
국내 최초로 『전국책』을 해설해
교양서 수준으로 풀어낸 책으로,
각 사건이 일어난 역사적 맥락과 시대
상황에 대한 설명, 당시 책사들이
펼친 모략의 가치까지 세세하게
설명하고 있다.

시경을 읽다
고대 중국 문인의 공통핵심교양이 된
3천 년의 민가

양자오 지음, 김택규 옮김

2만 자가 넘는 3천 년의 민가 시경이
어떤 역사적 배경에 의해 주나라의
경전이 되었는지를 밝히고, 어떻게
읽어야 제대로 읽을 수 있는지 알려
준다. 당시 사람들은 어떤 경우에
노래를 불렀을까? 노래에 표현된
정서와 내용은 무엇일까? 그들에게
노래에 담기에 적절한 감정과 사건은
어떤 것이었을까? 양자오는 우리가
'경'이라는 제한에 갇히지 않고
마음껏 상상력을 발휘하며 그 시대로
돌아가 『시경』의 작품을 즐기며
읽을 수 있도록 친절하게 안내한다.

좌전을 읽다
중국 지식인이 읽고 배워야 했던
2천 년의 문장 교본
양자오 지음, 김택규 옮김

우리가 흔히 『좌전』이라 일컫는
『춘추좌씨전』은 역사 기록인
『춘추경』, 즉 『춘추』를 설명한
전서(傳書)이다. '전'이란 '경'에
딸려 성립된, '경'을 설명한 저작을
가리키기에, 경이 있어야 전도 있을
수 있고 대부분의 전은 정확히 경의
문구에 대응해 설명을 진행한다.
하지만 『좌전』만은 경문에 정확히
대응하기보다는 경에 기록되지
않은 실제 사건의 배경을 분명하고
완전하게 담고 있다 이외 여러 가지
이유로 2천 년 넘게 중국 지식인이
반드시 읽고 배워야 할 문장 교본으로
쓰였다. 이 책에서 양자오는
『춘추』 경문과 『좌전』 전문을 비교
대조하면서 『좌전』의 가치를 명확히
짚고 책에 실린 역사적 사건에
대해서도 면밀히 설명한다.

상서를 읽다
주나라 정치철학을 담은 귀족 교육의
핵심 커리큘럼
양자오 지음, 김택규 옮김

『시경』・『예기』・『춘추』・『주역』과
함께 오경으로 꼽히는 고전 『상서』는
중국 고대 국가의 조정 문서이다.
주나라를 핵심으로 그 이전
요・순・하・상 나라 각국의 중대한
사건과 그 사건에 대한 선현의 검토와
교훈이 담겨 있으며, 그래서 중국
정치의 규범서로 인정받아 『시경』과
함께 서주(西周) 귀족 교육의 핵심
교재로 쓰였다. 이 책에서 양자오
선생은 '시간적으로 더 오래된
인물, 사전, 사상일수록 더 나중에
창조되었을 가능성이 크다'는
생각으로 상서를 역순으로 읽어
나가며 그 형성 과정과 내용을 올곧게
이해하는 방법을 일러준다.

북학의를 읽다

조선의 이용후생 사상과 박제가를
공부하는 첫걸음

설흔 지음

고전 마니아이자, 흥미로운 소설
형식으로 고전을 소개해 온 저자
설흔이 한국 고전 『북학의』 정독에
필요한 역사적 맥락과 기초 개념을
정리했다. 『북학의』에는 "쓰임을
편리하게 하고 삶을 두터이 하는
이용후생(利用厚生) 사상과 당시
조선의 북쪽이었던 청나라의 좋은
물건, 뛰어난 기술과 제도를 배우자는
과감한 개혁안이 담겨 있다. 저자는
박제가라는 인물, 박제가에게 영향을
미친 사상과 사상가들, 조선 후기의
시대 상황을 설명하면서 당시로서는
파격적인 개혁안이 어떤 배경에서
나왔는지 이야기한다.

성호사설을 읽다

실학 사상과 이익을 공부하는 첫걸음

설흔 지음

고전을 공부하는 소설가
설흔이 조선 후기의 대학자
성호 이익이 쓴 『성호사설』을
안내한다. 『성호사설』은 조선의
변화와 개혁을 주장하는 실학
사상의 정수가 담긴 책으로,
안정복·정약용·박제가·박지원 같은
실학자들에게 깊은 영향을 주었다.
성호 이익은 선비라면 누구나
입신양명을 바라던 시대에 모든
욕심을 뒤로한 채 가난하게 살며
백성의 삶을 개선하는 데 도움이
되는 실용 학문을 연구하고, 독서와
사색을 중시하는 삶을 살며, 틀에
얽매이지 않는 자유로운 글쓰기로
자신의 생각을 거침없이 펼쳐 나갔다.
40여 년간 하늘과 땅, 온갖 사물과
생물, 사람과 정치·경제·사회 제도,
경전과 역사, 시와 문장 등을 치밀하게
사유하고 일기처럼 꾸준히 기록한
글을 모아 엮은 것이 『성호사설』이다.
저자 설흔은 학문적 태도와 삶의
태도가 일치하는 따뜻한 학자 이익의
삶과 그가 살았던 시대적 배경, 역사적
맥락을 우리에게 쉽고 재미있게
들려준다.

자본론을 읽다
마르크스와 자본을 공부하는 이유
양자오 지음, 김태성 옮김

마르크스 경제학과 철학의 탄생,
진행 과정과 결과에 이르기까지
역사의 맥락과 기초 개념을 짚어
가며 『자본론』의 핵심 내용을
간결하고 정확한 시각으로 해설한 책.
타이완에서 자란 교양인이 동서양의
시대 상황과 지적 배경을 살펴 가면서
썼기에 비슷한 역사 경험을 가진
한국인의 피부에 와 닿는 내용이
가득하다.

서양고전강의 시리즈

종의 기원을 읽다
고전을 원전으로 읽기 위한 첫걸음
양자오 지음, 류방승 옮김

고전 원전 독해를 위한 기초체력을
키워 주는 서양고전강의 시리즈
첫 책. 인간과 자연의 관계를
변화시킨 『종의 기원』에 대한 새로운
해설서다. 저자는 섣불리 책을
정의하거나 설명하지 않고 책의
역사적, 지성사적 맥락을 흥미롭게
들려줌으로써 독자들을 고전으로
이끄는 연결고리가 된다.

꿈의 해석을 읽다
프로이트를 읽기 위한 첫걸음
양자오 지음, 문현선 옮김

인간과 인간 자아의 관계를 바꾼
『꿈의 해석』에 관한 교양서. 19세기
말 유럽의 독특한 분위기, 억압과
퇴폐가 어우러지며 낭만주의가
극에 달했던 그 시기를 프로이트를
설명하는 배경으로 삼는다. 또한
프로이트가 주장한 욕망과 광기
등이 이후 전 세계 문화와 예술에
미친 영향을 들여다보며 현재의
우리에게는 어떤 의미인지 점검한다.

성서를 읽다
역사학자가 구약성서를 공부하는 법
박상익 지음

『어느 무교회주의자의 구약성서
읽기』 개정판. 저자 박상익은
서양의 정신적 토대로 역할을
수행한 그리스도교가 한국에
와서 대중의 조롱을 받고 있는
현실을 통탄하면서, 21세기를
헤쳐 나가야 할 한국인에게 서양
정신사의 한 축인 헤브라이즘을
제대로 이해하려는 노력이
필요하며, 이를 위해서는
히브리 종교의 핵심 내용이 담긴
「구약성서」를 제대로 읽어야 한다고
힘주어 말한다.

미국의 민주주의를 읽다
우리의 민주주의를 더 잘 이해하는 법
양자오 지음, 조필 옮김

프랑스 대혁명의 혼란에서 벗어나지
못한 프랑스인에게 미국의 민주주의를
소개하고 프랑스에 적용하고자 한
프랑스의 알렉시스 드 토크빌이 쓴
『미국의 민주주의』는 방대한
분량으로 읽기 쉽지 않은 책이다.
타이완의 지식인 양자오는 프랑스
대혁명의 역사 배경과 미국 독립
혁명의 전후 상황 등을 훑으며,
토크빌이 『미국의 민주주의』에서
서술하고 분석한 미국의 민주주의
가치와 평등의 힘을 알기 쉽게
설명한다. 그리고 미국의 민주주의와
평등이 당시 프랑스뿐 아니라 현대의
우리에게 어떤 의미가 있는지 고민해
보기를 권한다.

슬픈 열대를 읽다
레비스트로스와 인류학을 공부하는 첫걸음

양자오 지음, 박민호 옮김

구조주의 인류학의 선구자인
레비스트로스의 대표작『슬픈
열대』를 통해 그의 인류학 여정을
함께 탐색해 보는 책. 저자는 자신이
처음 인류학을 접하고 그것에 매료된
경험에서 시작해 서구 인류학의
변모 과정을 차근차근 짚어 가며
구조인류학까지 다다른다. 이를 통해
우리는 인류학 전반에 대한 이해를
기반으로 구조인류학의 정점을
이루는 레비스트로스와 그의 저서
『슬픈 열대』를 좀 더 손쉽게 적절한
깊이로 공부할 수 있다.

미국 헌법을 읽다
우리의 헌법을 더 잘 이해하는 법

양자오 지음, 박다짐 옮김

미국 헌법은 근대 최초의 민주 국가
미국에서 만든 헌법이다. 이후 수많은
나라에서 미국 헌법을 참고하고
모방하여 헌법을 제정했다. 민주
헌법의 원형이 미국 헌법이라고도
할 수 있는 것이다. 타이완의 지식인
양자오는『미국 헌법을 읽다』에서
미국 헌법이 만들어지기까지의
역사 배경을 소개하고, 미국 헌법을
원문과 함께 살펴보며 헌법 조문의
의미와 맥락을 알기 쉽게 설명한다.
이를 통해 우리는 오늘날 전 세계에
막대한 영향을 미치는 미국이라는
나라의 토대를 이해하고, 오늘날
우리 삶의 기반을 만든 고전이자
현대 민주주의 제도의 근간을 이루는
헌법을 이해할 수 있을 것이다.